Ruth Schürch

Nachgeschenkt

Spätlese einer Weinhändlerin

Zu diesem Buch

Die Meinung ist persönlich. Die Haltung zum Wein aufrichtig subjektiv. Wer sich im Buch zu erkennen glaubt, liegt falsch, es waren andere gemeint. Die geschilderten Erlebnisse beziehen sich auf eine Ein-Frau-Weinhandlung, vom Parkplatz-Jäten bis zur Preisverhandlung in Fremdsprachen. Damit nicht nur der Wein, sondern auch der Text fliesst, verzichte ich aufs Gendern. Weibliche und männliche Bezeichnungen werden abwechslungsweise verwendet, es sind immer alle Geschlechter gemeint. Warnhinweis: Die Weinwelt ist eine Reuse. Wer mal drin ist, kommt nicht mehr hinaus.

Inhalt

Vorlese 11

Im Weinladen 12
Sortiment und Firmenname 12
Flop 12
Top 13
Erlebnisse im Laden 19
Weingeschenke 31
Me too 33
Hochzeitsgeschichten 35
Gehört 37
Vorträge 38
Weinkurse 43
Froschkönig 46
Weinreise 49
Auf dem Weg 49
Die Besuche 50
Winzerbesucher 58
Mit Winzern sprechen 60
Die Wünsche der Winzer 62
Weinmessen 63
USA 66
Musik 70
Verkostungsnotizen 73

Weinmonolog 74
Wein-Tourette 74
Weinkommentar 74
Pantomimetrinken 76
Gruppendynamik 77
Degustationsfallen 78
Degustieren? Kann jeder! 80
Lassen Sie sich täuschen 81
Passte nicht … 84
Bio 86
Degustationsstatistik 87
Wein und Geld 88
Verpackung 91
Kritik und Bewertung 92
Gaumenfreiheit 95
Sommeliers und Sommelièren 96
Weintester 99
Deine Etiketten 100

Gäste empfangen	102		Hauswein	121
Partygeflüster	103		Keine Angst ...	122
Mein buntes Weinkurspublikum	104		Lust am Wein in 7 Phasen	124
			Der Wein und das Auge	125
Torta quattro quarti	105		Im Kontext	126
Gute Tage, schlechte Tage	106		Geschäftsmodell Düngung/Chemie	127
Gute Worte, schlechte Worte	107			
			Behauptungen und Vorurteile	128
Kundenfragen	108		Weinverkostung leichtgemacht	131
Crostata di mele Die Apfeltorte von déjà bu ...	110			
			Wein und Essen	132
Rechnungsbeispiel Familienbetrieb	111		Sommelièren und Sommeliers	134
Weinwörter USA	112		Die Geschichte	135
Unterbrechungstipps für Weinmonologe	113		Nicht ganz wörtlich nehmen	136
			Drei Buchstaben/Zahlen	138
Weintypen	114		Wenn Weine Menschen wären ...	140
Musikalische Weinsprache	115			
Was Sie hören – was Sie denken	116		Nostalgisch	144
Weinsprüche	117			
Verkaufsvokabular	118		**Nachlese**	**150**
Tasting quality protocol	119			
Welches Glas?	120			

Für Stefan – mit dem absoluten Weingehör

Vorlese Dass ich diese Spätlese schreiben konnte, verdanke ich vielen wunderbaren Kunden, denen Sortiment, Öffnungszeiten und Rabattregelung von *déjà bu* Freude machten. Aber wie bei Ferienerzählungen ergeben Vorhersehbares und Reibungsloses keine so saftigen Geschichten wie unerfüllte Kundenwünsche. Dürfen sie nebst Lustigem, Überraschendem und Berührendem in meiner Spätlese stehen? Ich entschloss mich für den ganzheitlichen Rückblick, inklusive Missgeschick und Peinlichkeiten. Wie ein Journalist mir riet: «Pack sie bei der Schadenfreude.»

Fehler: Wir haben noch ein paar stehen lassen. In meinen Ladenjahren hat sich gezeigt, wie viel Freude es bereitet, wenn sie gefunden werden.

Im Weinladen

Am besten stellen Sie sich gleich zu mir hinter die Ladentheke. Hören und Sehen wird Ihnen zwar nicht vergehen, dafür viele Fachbücher ersparen.

Vor dem Umbau des eigenen Lokals sah ich mir viele Weinhandlungen an und stellte fest: Reklamationen, Sonderwünsche, Testfragen oder gar Ratschläge nahmen zu, je kleiner ein Weingeschäft war. Ich wagte es trotzdem.

Sortiment und Firmenname

Die erste Idee, ausschliesslich Schweizer Weine zu verkaufen, verabschiedete ich schnell, nachdem mir etliche Schweizer Winzer mitteilten, ausverkauft zu sein oder mir pro Jahr maximal 60 Flaschen liefern zu können. Ich wandte mich Italien zu, der Sprache wegen. Wir Deutschschweizer kennen das Radebrechen in Französisch, welches von französischen Muttersprachlern ganz schnell unterbrochen werden kann mit: «Ah non, non! Ça va pas, écoute alors …», wogegen die italienischen Sprechversuche gerne mit: «Sì, sì, brava!» belohnt werden. Daran erinnerte später nur noch mein Firmenname déjà bu und die erstaunlich oft gestellte Frage: «Was heisst déjà bu?»

Flop

Ich schloss die Bar. Mein Wunsch nach einem «schnellen Glas Wein» unter Freunden, dazu ein frisches Häppchen und ciao, wie in Italien, erfüllte sich nicht. Viele kamen alleine oder blieben über Stunden, in Erwartung von Unterhaltung. Weinkunden fühlten sich von den Bargästen belauscht und von deren Einmischung belästigt – es passte nicht.

Ebenfalls gestrichen wurden Weinvorträge und Catering. Bei den Vorträgen erfüllte ich weder Erwartungen noch generierten sie Kunden, und das Catering wurde vom Ladengeschäft verdrängt.

Top Positiv überrascht hat mich der zusätzliche Umsatz mit (Wein-)Büchern. Das Büchergestell blieb im Laden die einzige Ergänzung. Der puristische Stil sollte das Wichtigste, die Weinflaschen, hervorheben. Nicht alle empfanden das gleich, einige vermissten Dekofässer und Plastiktrauben.

Viele Echos erhielt ich für meine Schaufenster, ich wechselte sie jeden Monat. Einmal stellte ich die Buchstaben S, E und X aus meterhohen Papiermaché-Buchstaben auf und steckte in der Mitte einen Post-it-Zettel an, mit den Worten: «Jetzt, wo ich schon Ihre Aufmerksamkeit habe, könnte ich Ihnen noch die neuen Weine zeigen.» Dieses Schaufenster zog auch nachts «Kunden» an – sie suchten «den anderen Eingang» ...

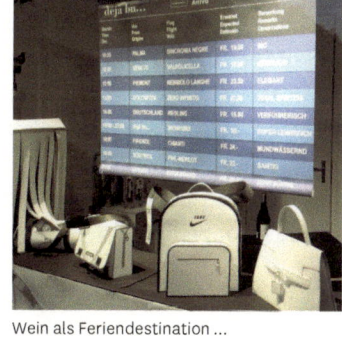

Wein als Feriendestination ...

«Pink Freud» für Rosé ...

... oder Retro-Weihnachten. Die «déjà bu»-Schaufensterthemen gaben immer zu reden

Mit der Zeit kannte ich die Vorlieben vieler Kunden besser als ihre Namen. So mogelte ich mich bei der Begrüssung mit «Guten Tag, Frau *Chianti*» oder «Grüezi, Herr *Arneis*» durch.

Eines Morgens sah ich vis-à-vis beim Denner: «Heute 40 Prozent auf Wein.» Ein Angebot, bei dem ich nicht mithalten konnte, meine Marge betrug 30 Prozent. Stattdessen begann ich, für die Kunden jeden Samstag vor Ladenöffnung frische Oliven-Ringbrote zu backen, als Zugabe zum Weineinkauf.

Kunden, die mein Sortiment gut kannten, fragten oft: «Was haben Sie Neues, Frau Schürch?» Weil ich aber nicht immer neue Weingüter ins Sortiment aufnehmen konnte und sich Importe unter einer Palette (ca. 500 Flaschen) nicht lohnen, führte ich den «Fremdgänger des Monats» ein. Ein Wein, der nicht (wie der Rest meines Sortimentes) aus Italien kam und zwischen 12 und 18 Schweizer Franken kostete. Jeder «Fremdgänger» stand einen Monat lang bei mir im Sortiment. Dabei zeigte sich, wie wichtig die Etikette auf der Weinflasche ist. Ich stimmte sie auf bevorstehende Anlässe wie Muttertag, Ostern oder Ferien ab und verkaufte davon jeweils mindestens 240 Flaschen, manchmal das Doppelte.

Ferienzeit. «Fremdgänger des Monats», immer schön saisonal

Kleine, geführte Verkostungen waren in meinem Laden beliebter als grosse Degustationen, deshalb startete ich mit «Schlucken oder spucken?» mittwochs von 18 bis 19 Uhr eine themengebundene Blindverkostung mit drei Weinen und passendem Apéro. In der Regel kamen 10 bis 20 Personen. Nebst den zusätzlichen Weinverkäufen ergaben sich daraus schöne Kontakte unter den Teilnehmenden. Auch die wöchentlichen Weinkurse brachten mir viele neue Kunden. Herrliche Abende, an denen viel gelacht wurde und etliche Anwesende viel lockerer aus dem Keller hochkamen, als sie zuvor heruntergestiegen waren.

Ab der ersten Kundin Ursi bis zum letzten Verkauf mit Nr. 60486 an Regula – meine Weine sollten spannende Erlebnisse für alle sein statt flüssige Elitepartner für wenige.

Willkommen zur «Commedia del vino»!

Erlebnisse im Laden

Als Einzelfirma ist man viele, weil ständig sein eigener Stunt. Im Laden versuchte ich, vor jedem Verkauf in Erfahrung zu bringen, wie die Kundin (ca. 75 %) oder der Kunde (ca. 25 %) sich ihren Einkauf wünscht. Sollen Hemmungen abgebaut werden («Ich verstehe halt nichts von Wein»), suchen sie Unterhaltung, möchten sie bei der Auswahl in Ruhe gelassen werden, soll ich sie bewundern oder möchten sie, dass ich ihnen etwas über Wein vermittle? So waren die Verkaufsgespräche – selbst bei gleichem Wein – immer unterschiedlich.

Die Sekretärin suchte einen *Amarone* für ihren Chef. Da alles schriftlich hin- und herging, wurde es etwas ausufernd mit all den Beschrieben der vorgeschlagenen Flaschen. Ein *Amarone* kam in die engere Wahl, Preis und Etikette waren genehm, doch dann entdeckte sie im Beschrieb «... einen Hauch von Zimt, Dörrobst und Lebkuchen». Oh nein, das ging dann gar nicht! Sie war überzeugt, dass ihr Chef nie Lebkuchen isst. Und weil wir kein Risiko eingehen wollten, liessen wir das Ganze bleiben.

> Bei **Amarone-Preisen** unter 25 Schweizer Franken ist Misstrauen angesagt. Es gibt viele hervorragende Weine für diesen Preis, aber keine grossartigen *Amarone.*

Einmal empfahl ich einer Kundin den Rotwein *Aglianico* aus der Region Neapel. «Neapel?», rief sie, «das geht überhaupt nicht, in Neapel hat es doch so viel Abfall!»

Meursault (Weisswein aus dem Burgund, aus *Chardonnay*-Trauben) wünschte ein Kunde. Weil ich den nicht hatte, empfahl ich ihm einen anderen *Chardonnay*. «Ich trinke keinen *Chardonnay*», erwiderte er. Als ich ihm erklärte, dass *Meursault* ein Gebiet sei und keine Traubensorte und die Weissweine von dort aus *Chardonnay* bestehen, erwiderte er: «Mein Weinkeller zu Hause ist doppelt so gross wie dieser Laden hier.» Ich war unterwältigt.

«Kommen Sie auch ins Hotel?», fragte ein Herr am Telefon. Weil das kurz nach einer Weinpräsentation in einem Hotel war, fragte ich interessiert: «Wie viele seid ihr denn?» Lange Stille. Nach einem Räuspern antwortete der Herr: «Ich bin allein.» Nun, das, hüstel, kam mir dann doch etwas eigenartig vor. Ich erkundigte mich, wie er auf meine Adresse kam. Es stellte sich heraus, dass er bei der Auskunft nach «déjà vu» fragte – dem Begleitservice.

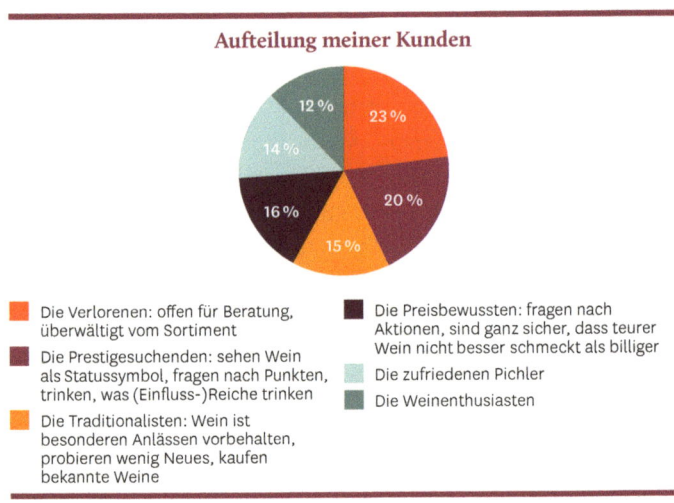

Aufteilung meiner Kunden

- Die Verlorenen: offen für Beratung, überwältigt vom Sortiment
- Die Prestigesuchenden: sehen Wein als Statussymbol, fragen nach Punkten, trinken, was (Einfluss-)Reiche trinken
- Die Traditionalisten: Wein ist besonderen Anlässen vorbehalten, probieren wenig Neues, kaufen bekannte Weine
- Die Preisbewussten: fragen nach Aktionen, sind ganz sicher, dass teurer Wein nicht besser schmeckt als billiger
- Die zufriedenen Pichler
- Die Weinenthusiasten

Immer wieder besuchte Frau R. aus der Sonnweid, einem Heim für Menschen mit Demenz, meinen Laden. Stumm bewegte sie sich im ganzen Laden herum, erblickte dies und das oder schnappte sich aus den Probierschalen Cantucci oder Schokolade. Sie ass das in aller Ruhe, schaute mich dabei intensiv an, machte plötzlich kehrt und verschwand stumm wieder. Später vernahm ich, dass einige Geschäfte und Institutionen der Sonnweid noch lange Rechnungen für Kaffees, Gipfeli oder Sirup stellten, als Frau R. schon eine Weile nicht mehr in der Lage war, das Heim zu verlassen ...

«Hiermit bestätigen wir Ihre Buffet-Offerte», schrieb mir ein Jungunternehmen. Toll. Telefonisch kam ein Tag später der Zusatz: «... aber die Damen im Service müssen sehr hübsch sein und Model-Figuren haben, das ist ganz wichtig!» Ich überliess diesen Auftrag dann einer hübscheren Firma.

Bis heute bin ich überzeugt, ungewollt für ein Experiment namens Therapeutisches Einkaufen auserwählt worden zu sein. Vielleicht hat in meiner Nähe eine neue Paarberatungspraxis eröffnet. Kurz nacheinander kamen drei frisch pensionierte Paare mit deckungsgleichen Satzgebilden ins Geschäft: «Zuerst darfst du aussuchen, Schatz» – «Och nöö, lieber nicht» – «Doch, du musst lernen, selber Entscheidungen zu treffen, Schatz» – «Vielleicht den?» – «Nein, wir üben das jetzt nochmal, Schatz» – «Aber ich trinke doch gar keinen Wein (!)» – «Du solltest auch lernen, selbstständig Fragen zu formulieren, Schatz, frag jetzt Frau Schürch etwas – ich bin stolz auf dich, Schatz.» Alles Schatz.

Oenophobie = Furcht vor Wein
Altgriechisch: oinos = Wein, phobos = Angst

Wen ich im Laden fürchtete:

Die Unglücklichen. Weil nichts aus meinem
Sortiment sie hätte glücklich machen können.

Die kleinen Racker. Aus Langeweile aus
dem Kinderwagen gehoben, entwickelten sie
am Weingestell ganz originelle Ideen.

Die Wichtigen. Weil sie nur die Preziosen ihres
Kellers mit Preis aufzählten, aber nichts kauften.

Die Rabatt-Diskutierer. Weil sie am Feilschen
mehr Freude hatten als am Wein.

Die Unentschlossenen. Weil sie auch nach
dreimal Umpacken des Geschenks immer noch
irgendwo eine «bessere» Variante witterten.

Die Beifahrersitz-Gattinnen. Von Träumen und
Bindegewebe verlassen, machte sich die Herab-
lassung breit: «So Schatz, es reicht jetzt.
Frau Schürch hat ein lustiges Hobby, aber nun ist
Schluss mit Weinmärchen, wir müssen weiter!»

Diese Bodybuilder-Erscheinungen, die mir
Pfeffersprays, Alarmanlagen oder Fenstergitter
verkaufen wollten. Ihr komplett zerbröseltes
Deutsch («Wo Mann?!») gab mir das Gefühl,
wenn ich das jetzt nicht sofort kaufe, brauch' ich
es gleich.

Die Frage: «Wissen Sie eigentlich, wer ich bin?!»
Sie kam immer aus Mangel an Ehrfurcht oder
Sonderrabatt.

Gutscheineinlöser mit Aszendent Buchhalter.
Um den 50-Franken-Gutschein exakt zu erreichen,
wurden unzählige Flaschenkombinationen
hin- und hergeschoben, egal welcher Wein.

Die zahllosen Vertreter mit ihrer
cremigen Höflichkeit.

Forsch betrat ein Herr den Laden mit der Frage: «Was würden Sie Sepp Blatter schenken?» Meine spontane Antwort: «Dem Sepp Blatter möchte ich in meinem Leben nie etwas schenken», kam verständlicherweise mässig gut an. Ich doppelte also nach, dass wir vielleicht nochmal auf Platz eins zurückgehen und empfahl einen *Pinot Noir*, weil Herr Blatter diese Traube bestimmt aus dem Wallis kenne. Ich verpackte und etikettierte das Paket. Zur Post wollte der Kunde aber selber gehen. Zu gross war seine Angst, dass ich Herrn Blatter am Schluss vielleicht wirklich nichts schenken möchte.

Freudig entdeckte ein älteres Paar den Rotwein *Rocca Rubia* im Weingestell. «Wissen Sie, diesen Wein haben wir jetzt über ein Jahr lang täglich getrunken. Nach der Pension machten wir mit dem Camper eine Europareise und fanden diesen Wein tatsächlich in jedem Land.» Zum Heulen! Was hätten die in Portugal, Österreich, Deutschland, Spanien nicht alles entdecken können! Lieblingsweine sind wie Lieblingsunterwäsche: Ab und zu sollten sie gewechselt werden.

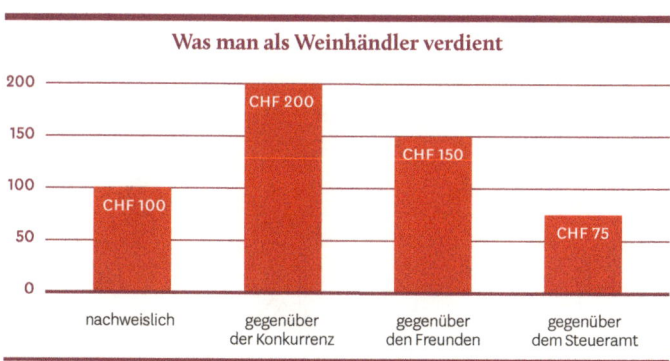

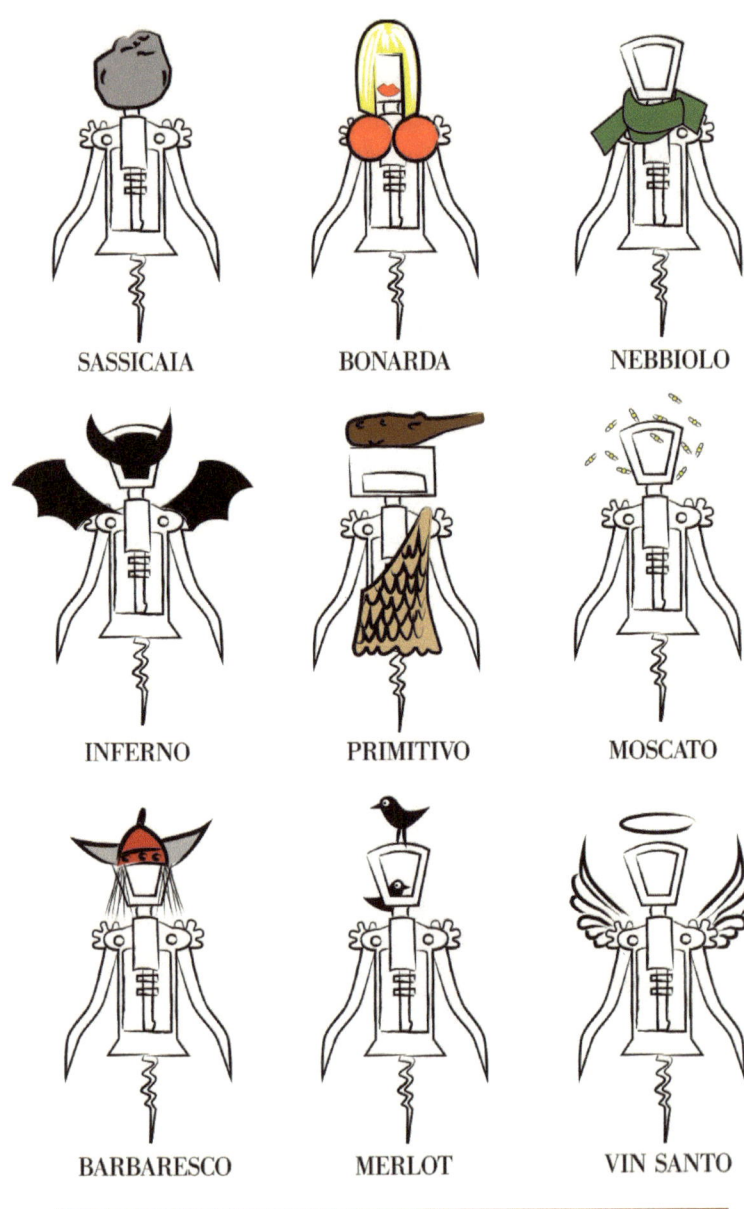

SASSICAIA   BONARDA   NEBBIOLO

INFERNO   PRIMITIVO   MOSCATO

BARBARESCO   MERLOT   VIN SANTO

Meine Schwester arbeitete viele Jahre in einem Fünfsternehotel in Zermatt. Eines Abends war im Speisesaal ein teurer Jahrgangs-Champagner gewünscht – für den Pudel! Freudig läppelte dieser die Preziose aus dem Silbernapf, und der Besitzer erklärte stolz, dass *Rusty* eben den Unterschied merke und normalen Champagner nicht vertrage. Ist diese kontoleerende Variante kuratierten Trinkens nicht einfach herrlich?!

Zwei Herren kamen beim Warten in meinem Laden ins Gespräch. Fragt einer den anderen: «Kaufen Sie öfters hier ein?» Der andere: «Also meinen Wein kaufe ich anderswo. Nur wenn ich Geschenke suche, komme ich hierher, die Verpackung ist toll.» Immerhin.

Was halten Sie von blauem Wein und von Wein in blauen Flaschen?

Verhaltensauffällig. Sie wissen ja selbst, was das bedeutet.

Eine Lehrerin kam mit einem ein Zentimeter dicken Bündel 1-Dollar-Scheinen. Ich wurde ihr empfohlen. Sie möchte, dass ich ihr eine Flasche Wein kreativ verpacke, mit gefalteten Geldscheinen. Vielleicht eine Girlande mit aufgefädelten Noten oder sonst was Ausgefallenes. Als ich erklärte, nicht zu basteln, meinte sie, ich könne es am Abend nach Ladenschluss machen, sie habe selber keine Zeit für solche Fummelarbeit. Bestürzend komisch.

Eilig stürmte mal ein Banker rein, der schnell zwei Flaschen brauchte. Er müsse überbrücken, «bis die grosse Bestellung vom richtigen Weinhändler kommt». Ich hatte schon immer enorme Hochachtung vor richtigen Weinhändlern.

Warum haben Sie diesen Wein nicht mehr im Sortiment?

War den Kunden zu wenig geschliffen,
zu naturnah.

Ging vorübergehend als «exklusiv»
an Globus Wein und Delicatessa.

Ich hätte den Preis erhöhen sollen, weil
ein anderer Importeur das so wollte.

Eines Tages war meine Abnahme zu klein
(zu wenig Paletten).

Ankauf plötzlich nur noch über einen
windigen Agenten.

Generationen- und Gesinnungswechsel
auf dem Weingut.

Vertreter wurde lästig.

Keine einzige Lieferung korrekt.

Faxe mit weniger als drei Paletten Bestellung
wurden gleich weggeschmissen.

Tauchte überraschend im Grosshandel auf –
unter meinem Einstandspreis.

Zu viele Korkenprobleme.

Neuer Jahrgang in peinlich schwerer Flasche.

Winzer verkaufte an Besucher
unter meinem Händlerpreis.

Winzer hatte plötzlich manikürte Fingernägel.

Ich wurde wissentlich aus
fehlerhaftem Fass beliefert.

Dieser reizende demente Herr irrte ab und zu vor dem Laden rum, manchmal kam er herein. Mal fragte er nach Fleisch, mal nach Anlagemöglichkeiten. Einmal aber blieb er draussen vor dem Schild «OFFEN» stehen, kam rein und sagte: «Da fehlen vorne drei Buchstaben: B. E. S.!» Dabei strahlte er mich mit listigen Äuglein an. Was für ein herrlich kleiner klarer Moment uns da beide erfreute!

Eine Kundin wollte an einem Samstag mit ihrer Geburtstagsgruppe den Apéro in meinem Laden zelebrieren. «Nicht teuer, wissen Sie, wir bringen den Apéro selbst mit – ich will einfach die Sauerei nicht zu Hause.» Weil sie zudem nicht sicher war, ob überhaupt jemand Wein trinkt, empfahl ich ihr den Gemeindesaal.

Was in der Vorweihnachtszeit, was im Spätsommer gesucht wird

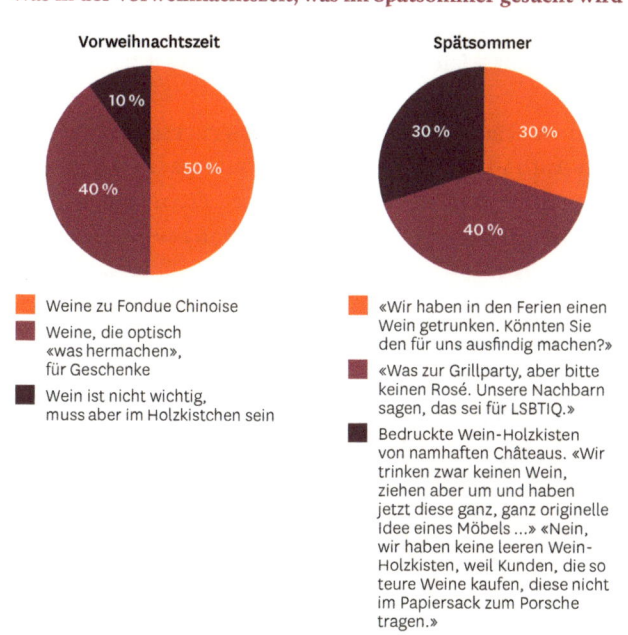

Vorweihnachtszeit

10 %
50 %
40 %

- Weine zu Fondue Chinoise
- Weine, die optisch «was hermachen», für Geschenke
- Wein ist nicht wichtig, muss aber im Holzkistchen sein

Spätsommer

30 %
30 %
40 %

- «Wir haben in den Ferien einen Wein getrunken. Könnten Sie den für uns ausfindig machen?»
- «Was zur Grillparty, aber bitte keinen Rosé. Unsere Nachbarn sagen, das sei für LSBTIQ.»
- Bedruckte Wein-Holzkisten von namhaften Châteaus. «Wir trinken zwar keinen Wein, ziehen aber um und haben jetzt diese ganz, ganz originelle Idee eines Möbels ...» «Nein, wir haben keine leeren Wein-Holzkisten, weil Kunden, die so teure Weine kaufen, diese nicht im Papiersack zum Porsche tragen.»

Nach knapp zwei Jahren im Laden kamen zwei Herren vom Bauamt, stellten sich vor die Kasse und fragten: «So, gibt es Sie noch?» Bevor ich antworten konnte, sagte einer zum anderen: «20 Mäuse», worauf ihm der andere 20 Schweizer Franken aushändigte. Sie hatten gewettet, mein Laden würde kein Jahr überleben – und weg waren sie. Ja, es gab mich noch, wenn auch nicht ihretwegen.

Anruf von einem Werbebüro – sie sammeln für den Basketball-club. Mindestbetrag 250 Schweizer Franken, drunter gehe es aus organisatorischen Gründen nicht. Ob meinem Befremden über diesen Mindesteinsatz war man ungehalten: «Ist Ihnen die Jugend nichts wert?!»

Noch dreister versuchte ein anderer Sportclub, telefonisch Geld zu beschaffen: «Wir sind Club XY und haben festgestellt, dass wir gemeinsame Kunden haben. Sie möchten doch, dass das so bleibt?!» Was ich verkaufe oder wo mein Geschäft steht, wusste er nicht – ich spendete mit Hingabe nichts.

Anruf einer Frau, die mir mitteilte, eben zugeschaut zu haben, wie ein Auto unser Treppengeländer plattgedrückt habe, die Fahrerin aber einfach weggefahren sei. Sie meldete mir die Autonummer. Besagte Fahrerin hiess Bonamore – wenn das nicht Liebe ist?!

Die zwei häufigsten Fragen im Weinladen

10 %

90 %

■ Ist der gut?
■ Haben Sie den schon getrunken?

Nach dem Weingenuss habe er immer Hämorrhoiden. Jetzt wollte der fremde Herr endlich mal Gewissheit, woher das kommt. Also von meinem Wein eher nicht, war er doch noch gar nie in meinem Geschäft. Dort fragen, wo er den Wein gekauft hat, wollte er nicht. Unzufrieden mit meiner Auskunft machte er sich für eine Demonstration bereit – hastig schickte ich ihn in die Apotheke nebenan.

Was halten Sie von Wein-Apps?
Ich halte viele davon für horizontverengend, weil sie Ihnen laufend Ähnliches vorschlagen.

Eine Kundin kam aufgebracht in den Laden – ihr Chef hat sie zur Weissglut getrieben. Sie kaufte Wein mit den Worten: «Jetzt geh ich nach Hause und trinke mich auf sein Niveau runter!» Grandios! Ich hätte keine bessere Empfehlung abgeben können.

Eine Frau suchte ein Geschenk und wollte dafür explizit KEINE Beratung. Sie möchte das lieber «selber spüren», schloss die Augen, tastete sich an den Weinen entlang, hielt inne und sagte: «Der ist es!» Etwa einen Monat später kam eine Frau ins Geschäft, schwärmte vom Geschenk ihrer Schwester und kaufte mehr von diesem Wein. Nur weil ich solche Fähigkeiten nicht habe, muss ich sie nicht belächeln – Blind-Degustieren hat für mich seither noch eine ganz andere, wunderbare Bedeutung!

Eine Flasche von jedem Wein im Sortiment. Dieses fantastische Geschenk bestellte eine Kundin für ihren Mann.

Ein Herr reservierte zwölf Flaschen Wein für seine Frau. Dazu kreierte er mit den zwölf Bildern der Etiketten je ein Gedicht und gestaltete daraus ein Jahresabo. Es war jeden Monat eine Freude, wenn diese Frau ihren Wein abholte.

Herr K. kaufte für 4000 Schweizer Franken Wein. Beim Bezahlen sagte ich, dass es so viel koste wie die Postleitzahl von Basel. Der Kunde antwortete: «Zum Glück nicht die von St. Gallen!»

«Warum soll ich bei Ihnen Wein kaufen?» Selbst wenn ruppig vorgetragen, war die Frage grossartig! Wer sie nicht beantworten kann, öffnet besser kein Geschäft. Trotz meiner Aufzählung von USP-Weinen, Fachkenntnissen, Winzerkontakten, Preistransparenz oder durchdachter Verpackung kaufte der Herr nichts. Dennoch: gute Frage.

Allzweckwaffen, die Sie beim Weinverkauf oft hören:

- Ist eine Rarität
- Hat eine Goldmedaille erhalten
- Wurde am Staatsbankett XY ausgeschenkt
- Erhielt eine sehr hohe Punktzahl
- Der, äh, Dings vom Fernsehen
  kaufte den kürzlich
- War mal Wein des Jahres
- Hat den ersten Platz belegt

Fragen Sie ruhig nach:
- Wann war das genau?
- Wer hat die Punkte vergeben?
- Welcher erste Platz? (Vielleicht im Lager?)
- Warum ist dieser Wein rar?

«Vieh-, Auto- und Weinhändler sind Vertrauenssache», beschied mir ein älterer Kunde und ergänzte: «Deshalb ist es die Pflicht der Kunden, immer nachzufragen!» Finde ich auch.

Weingeschenke

«Ich muss ein Geschenk kaufen.» Diese Bürde, dieses Müssen. Oft war ich überzeugt, dass per Los entschieden wurde, wer das Geschenk nun kaufen muss. Und wenn Sie beim Weinverschenken diesen oft gehörten Satz sagen: «Ich weiss halt nicht, ob man den trinken kann», wirkt das wie eine Abortvariante von Schenkfreude. Sie führt direkt in die Kochweinecke des Empfängers.

Das hilft Ihnen und dem Verkaufspersonal bei der Auswahl:

- Budget-Rahmen?
- Was isst die Person gerne?
- Wie trinkt dieser Jemand seinen Kaffee?
- Was steht dort im Kühlschrank?
- Traditionell/flippig/statusbewusst?
- Wie kleidet sich dieser Mensch?
- Soll der Wein eher zum Essen passen oder Schlummertrunk sein?
- Wohin reist die Person gerne?
- Naturverbunden oder total urban?
- Helle oder dunkle Schoggi?
- Ist es jemand, der immer nachsalzt?
  (Salz neutralisiert Säure im Wein, deshalb dürfte es auch ein Wein mit gut eingebundener Säure sein.)

Jahrgangswein für Hundertjährige: Die Enttäuschung ist vorprogrammiert. Entweder wird das Budget oder der Gaumen des Beschenkten ruiniert.

Falls Sie selber gar keinen Wein trinken, seien Sie mutig, lassen Sie das mit dem Wein. Für Freunde des Weins gibt es immer Alternativen (z. B. Champagnerverschluss, neues Weinbuch, Gutscheine für Degustationen, Kellereibesuche, Führung in einer Glasbläserei oder ein Wine & Dine), die besser passen als Weingeschenke von Abstinenten. Sie möchten auch kein Fleischgeschenk von einem Veganer.

Muss ein Geschenk aus ungeraden Flaschen bestehen, wie bei Blumen?

Nein. Geschenkkartons für 1, 2, 3 oder 6 Flaschen sind üblich. Geschenkkartons für 4 oder 5 Flaschen sind jedoch kaum zu finden.

Geschenkte Einzelflaschen bleiben oft im Keller liegen, weil sie – selbst wenn teuer – nicht bei Besuch geöffnet werden, da eine zweite Flasche fehlt. Besser zwei oder drei gleiche Flaschen verschenken. Jeder Ärztehaushalt kennt das – dort würde ein Buch «Kochen mit Wein» mehr Freude bereiten ...

Me too Meraner Weinfestival: Ein altgedienter Pionier der Südtiroler Weinszene nähert sich dem Stand mit Naturweinen der Spitzenklasse. Bioboom und neue Kelterverfahren in der Region scheinen dem Mann Anlass zur Kritik. Überraschend unsachlich geht der über 80-jährige Mann die gut ausgebildete Kellermeisterin am Messestand an – obwohl vor 50 Jahren auch sein Credo lautete: «Den eigenen Weg gehen». Mit seinem Versuch, eine junge Berufskollegin vorzuführen, demontiert er die eigenen Verdienste auf würdelose Art und Weise.

Nur einmal liess ich einen Kunden einfach stehen und alleine wieder rausgehen. Seine Äusserung bedurfte keiner Fortsetzung: «Sie müssen mir gar nichts über Wein erzählen! Ich habe schon Wein getrunken, als Sie noch in die Windeln machten.» Ich fürchte, inzwischen ist es umgekehrt.

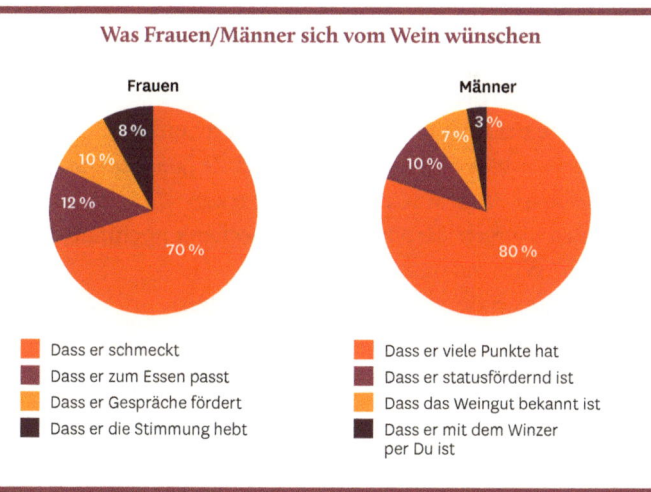

Was Frauen/Männer sich vom Wein wünschen

Frauen

8 %
10 %
12 %
70 %

Männer

3 %
7 %
10 %
80 %

■ Dass er schmeckt
■ Dass er zum Essen passt
■ Dass er Gespräche fördert
■ Dass er die Stimmung hebt

■ Dass er viele Punkte hat
■ Dass er statusfördernd ist
■ Dass das Weingut bekannt ist
■ Dass er mit dem Winzer per Du ist

Einmal war ein selbstbewusster Kunde im Laden, als ein Kollege von mir hereinkam, der selber keinen Wein trinkt. Sofort wandte sich der Kunde an meinen Kollegen mit den Worten: «Wenn jetzt schon ein Mann hier ist, frage ich lieber den, was ich kaufen soll.» Mein Kollege, peinlich berührt, besah sich die Preise der Weine und meinte: «Da kann ich Ihnen nur diesen (teuren!) Wein empfehlen.» Um das Gesicht zu wahren, kaufte der fremde Herr zähneknirschend davon. Ich war nicht betrübt, ihn nie wieder zu sehen.

Recht erheiternd fand ich auch:
- Was arbeitet Ihr Mann, dass Sie sich so ein Lädeli leisten können?
- Holen Sie den Chef!
- Schönes Hobby
- Was machen Sie sonst noch so?
- Sie haben aber Mut!
- Was haben Sie gelernt?
- Dieses Glas sieht voll scheisse aus!
  (Weinneuling an einer Degustation)
- Ich kaufe bei Ihnen nur Weihnachtsgeschenke, wenn Sie mir auch die anderen Einkäufe (Kinderspielzeug, Parfum ...) im Auto als Geschenk verpacken
- Würden Sie bitte die Masche am Geschenk nochmal binden? Wir sind nämlich Ästheten
- Sie dürfen uns jetzt ein wenig unterhalten

Von Männern lässt man sich die Welt erklären, Frauen dagegen müssen beweisen, dass sie die Welt verstanden haben.

Fränzi Kühne, Buch: Was Männer nie gefragt werden

Ein Seminarkunde wies seine Frau zurecht, als sie bei einem *Nebbiolo* verwelkte Rosenblätter, Staub und Teer heraus-schmeckte: «Du musst gar nichts schmecken, ich bezahle ja den Wein!» Das ist natürlich völlig korrekt. Wenn man davon ausgeht, dass der Geschmack im Portemonnaie sitzt. Falls nicht – ich kenne da eine hervorragende Scheidungsanwältin ...

Hochzeitsgeschichten «Kein einziger Wein im Hotel in Italien passt uns.» Darum kam ein junges Paar in meine Weinhandlung und wünschte, dass ich für ihre Hoch-zeitsfeier *Chianti* nach Italien in «ihr» Restaurant schicke. Das tat ich natürlich nicht, war echt zu abgedreht.

Sophie Houdayer, Winzerin aus Frankreich, erzählt in ihrem Buch *Was Frauen schon immer über Wein wissen wollen:* «Ich werde nie vergessen, wie während einer Weinverkostung in meinem Weinkeller eine Frau plötzlich ihren Weisswein angewidert auf den Boden spuckte, mit den Worten ‹Der ist eklig!› Ein Drei-vierteljahr später kam sie zu mir, um sich für ihre Hochzeit be-raten zu lassen. Wir verkosteten unter anderem genau diesen Wein, gleicher Jahrgang, und sie kaufte exakt diesen.»

Ein Hochzeitsgast brachte für sich ein paar Flaschen *Bordeaux* zu einer Hochzeit in Süditalien. Während des Essens stellte er diese auf den Tisch mit den Worten: «Jetzt wollen wir denen in Italien mal zeigen, was guter Wein ist.» Der Tisch leerte sich recht zügig, der «Weinkenner» blieb allein an seinem Tisch zu-rück.

Ein Kunde erzählte mir von der Hochzeit seiner Tochter. Als Brautvater wollte er den Wein spendieren und holte sich für die Auswahl acht Flaschen aus dem Restaurant, in dem das Fest stattfinden sollte. Alle acht Weine goss er in Karaffen, am

Test nahmen das Brautpaar, die Schwiegereltern und die Trauzeugen teil. Sieben von acht Personen favorisierten denselben Wein, die Wahl schien eindeutig. Als der Brautvater dann die Flaschen holte, merkte die Schwiegermutter, dass dieser beliebteste Wein einen Drehverschluss hat. «Unmöglich, geht gar nicht, wenn dieser Wein ausgeschenkt wird, komme ich nicht zur Hochzeit!» Es gab einen grossen Streit und der beliebteste Wein kam nicht auf die Hochzeitstafel.

Sowohl Sommeliers wie Weinhändlerinnen kennen den Honeymoon-Effekt: Das Weinerlebnis der Flitterwochen, das dann im Alltag kaum nachzuerleben ist, weil einem die Arbeit oder die neu entdeckten Macken des Partners etwas den Weingenuss trüben.

1898 wurde in England
der erste **Drehverschluss** patentiert.

Ich hörte von einer Braut, die beim Hochzeits-Apéro auf einem herrlichen Weingut im Piemont völlig ausrastete, weil sie *Prosecco* mit *Asti* verwechselte. Vor allen Gästen schrie sie die Leute im Service an: «Was fällt Ihnen ein, *Prosecco* zum Aperitif auszuschenken?! Das ist ein Dessertwein, schenken Sie sofort den *Asti* aus!» Eigentlich ist es umgekehrt – aber das spielt in dieser Geschichte irgendwie auch keine Rolle mehr.

Gehört Im Grosshandel suchte eine Frau Rosé. Gespannt verfolgte ich, wie eine Angestellte behilflich war. Endlich fanden sie eine Flasche, da fragte die Kundin: «Hat der auch Alkohol?», worauf die Angestellte beruhigend den Kopf schüttelte und meinte: «Neee, glaub' nicht.»

Oh, Pannenbaum!

Er: *Also der Wein muss schon etwas darstellen,*
es werden auch Weinkenner am Tisch sein.

Sie: *Aber trinkt der Jürgen noch Wein?*
Der glaubt doch jetzt an Buddha.

Er: *Ach der ... Der erzählt sowieso immer*
diesen Scheiss über Thailand.

Sie: *Dieser hier wäre doch was ...*

Er: *So einen Billigen können wir nicht aufstellen.*
Der da macht doch was her.

Sie: *Aus Sizilien? Du weisst doch, dass ich*
von Südländern immer Kopfweh kriege!

Er: *Trinkst du an Weihnachten überhaupt mit oder*
bist du wieder nur in der Küche, weil du wie
immer was vergessen hast? Wir könnten auch
den hier nehmen.

Sie: *Diese Etikette geht ja nun gar nicht zur Farbe*
der Servietten!

Er: *Dann sag doch du, was du willst!*

Sie: *Mir egal.*

Privates Gartenfest, ein Gast verkündet laut, im Fall eine Subskription* auf äh, Château Dings zu haben. Ach Gottchen.

Meine Ärztin erzählte, dass ihr Vater früher überall im Haus die Spinnen einsammelte, um sie im Keller bei den Weinflaschen auszusetzen. Er hoffte, dass diese Spinnen die Weinflaschen so richtig bekacken, um den Wein damit älter und wertvoller aussehen zu lassen.

Vor vielen Jahren hatte meine Kollegin, eine grosse Weinliebhaberin, ein erstes und letztes Date. Der Mann bestellte im Restaurant «einen Halben Boccalino».

Vorträge Meine Vorträge über Wein blieben erstaunlich unbewundert. Ich fremdelte immer ein wenig in den meist gehobenen Kreisen, in denen Wein eine Lifestyledisziplin schien. Nie fand ich heraus, was wirklich hätte gehört werden wollen, und so lehnte ich nach paar Versuchen weitere Anfragen ab.

Einem Damen-Serviceclub durfte ich «etwas über Wein» vortragen, Lohn war das Mittagessen am Meeting. Es war Mai, ein Spargelsalatteller war für alle vorbestellt worden. An meinem Tisch orderte die Gesprächsführerin zielstrebig *Amarone* dazu, mit den Worten: «Mein Mann sagt, dass der immer passt!» Dazu möchte ich sagen, dass es weder falsch noch verboten ist, *Amarone* mit dem Salatteller zu kombinieren. Es ist einfach so, als würden Sie mit der Heizdecke ins Freibad gehen, was ebenfalls weder falsch noch verboten ist, seltsam aber schon. Erst ganz am Schluss des Essens – man hatte anderes zu reden –

---

* Mit einer Subskription sichern Sie sich durch Vorausbestellung/-bezahlung Ihre Wein-Favoriten, noch bevor diese abgefüllt oder im Handel sind. Insider sprechen von «Subse».

wurde ich angesprochen mit: «Und Sie sind?» «Schürch ist mein Name, ich darf Ihnen einen Vortrag über Wein halten.» Da tönte es aus einer Ecke: «Ach, so was brauche ich nicht, mein Mann hat *Rothschild* im Keller.» Scherz ahoi!

Auch an einem anderen Damenprogramm mit viel Puder und wenig Bewegung erfüllte ich als Vortragende die Anforderungen offensichtlich mangelhaft: «Jetzt habe ich den ganzen Vortrag gehört und weiss immer noch nicht, ob der Wein in meinem Glas gut ist?!», monierte eine Dame.

Nicht viel interessierter schien mir der Herrenclub, welcher mich auf 14 Uhr bestellte. Böser Fehler meinerseits – kein geübter Redner spricht nach einem Essen, die Zuhörer haben genug zu tun mit ihrer Verdauung. Kaum wurde das Licht für meine Präsentation gedimmt, ging das ungehemmte Schnarchen los, was Mann sehr lustig fand. Ungeniert wurde laut in den Vortrag hinein nach dem Service gerufen, die Kaffeebestellungen gingen los. Ich kürzte ab. Fragen gabs keine, die Gruppe tauschte bereits rege die Preise der eigenen Weine in ihren Kellern aus, das Abgleichen der gesellschaftlichen Musthaves hatte begonnen, ich war entlassen.

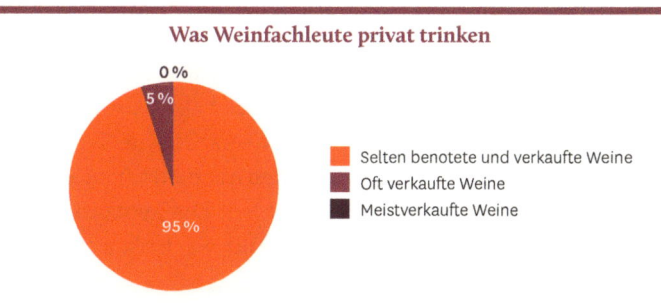

Was Weinfachleute privat trinken

0 %
5 %
95 %

▮ Selten benotete und verkaufte Weine
▮ Oft verkaufte Weine
▮ Meistverkaufte Weine

Einmal durfte ich ein Trüffelessen mit «meinem» Winzer aus dem Piemont begleiten. Dazu bereitete ein befreundeter Pilzkontrolleur Interessantes zum Thema Trüffel vor. Eine herrliche Möglichkeit, diese fantastischen Weine vorzustellen und spannende Hintergründe zum Piemont zu verraten. Entsprechend intensiv bereitete ich mich mit kurzen Einlagen vor. Da entschloss sich der Chef de Service kurz vor dem ersten Gang ganz überraschend, er alleine werde zu den Gästen sprechen. Weder Winzer, Pilzkontrolleur noch ich hatten etwas zu sagen (und dafür machte dieser Winzer die ganze Reise).

Nebbiolo-Traube:
Duft nach Trüffel, Rosen, Kirschen, Leder, Erde, Tabak

Es wurde ein unpersönlicher, austauschbarer Abend, an den sich niemand erinnert. Bei 200 Schweizer Franken pro Person enttäuschend, zumal ich sehen konnte, wie die Gäste ihre Weine nicht auseinanderhalten konnten. Es fehlten Distinktionsmerkmale und die Geschichte dahinter. So langsam nickten ein paar ältere Herrschaften ein, auf den Tischen kam das eine oder andere Pillendöschen zum Einsatz, denn, seien wir ehrlich: Wie hoch ist der Altersdurchschnitt bei einem Nachtessen zu diesem Preis? Es sind Gäste, die zu Hause selber einen grossen Weinkeller mit vielen überalterten Weinen haben. Es sind keine Gäste, die sich in Weinbestellungen überschlagen. Trotzdem hätten sie einen spannenden, amüsanten Abend verdient – dafür geht man doch aus, nach 40 Jahren Ehe?! Des Winzers Kommentar zum Chef de Service: «Un Sa-Tutto» (ein Alleswisser).

Werden Traubenblüten durch Bienen befruchtet?
Nahezu alle Kulturreben (Vitis vinifera) befruchten sich als zweigeschlechtliche Blüten selbst.

Dies erinnerte mich an den jungen Winzer Rocco aus der Toskana, der mir im Laden erklärte: «Solche Anlässe sind nichts für mich. Ich bin jung, ich will selber neue Kunden aufbauen, deren Kinder ich aufwachsen sehe, mit denen ich einen Weg gehen kann.» Sein Credo: «Eigener Wein. Eigene Leidenschaft. Eigene Geschichte.» Da haben Abende, an denen die Hälfte von Vaters betagter Kundschaft langsam wegnickt, wenig Platz. Rocco findet «den Christbaum herunteressen» (die Optik der Speisefolgen auf der Menukarte) so überholt wie Nouvelle Cuisine.

Noch krasser drückten es Unbekannte aus, als ich an einer Weinmesse in Düsseldorf den Satz aufschnappte: «… diese Essen für 300 Euro mache ich nicht mehr mit, das ist doch nur noch Sterbebegleitung für reiche Ü80.»

Trinksprüche

Englisch: Cheers!   Französisch: Santé!
Italienisch: Salute!   Spanisch: ¡Salud!
Portugiesisch: Saúde!   Irisch: Slàinte!
Polnisch: (Na) zdrowie!   Rumänisch: Noroc!
Türkisch: Serefe!   Dänisch: Skål!
Finnisch: Kippis!   Griechisch: Jámas!
Japanisch: Kanpai!   Jiddisch: Mazel tov!

Im Albisgüetli bot sich mir die Chance, einer grossen Damengruppe mein Geschäft vorzustellen. Das erlesene Frauennetzwerk empfahl sich für Neueintritte. Jede Teilnehmerin hatte sechs Minuten Vortragszeit und durfte im Korridor Visitenkarten auflegen. Für bessere Sichtbarkeit nahm ich eine Etagere mit, heftete an meine Visitenkarten je ein Schokoladen-Tartufo und stellte die gefüllte Etagere auf den Tisch. Als ich nach meinem Vortrag in den Korridor kam, stand dort eine Dame vom Vorstand. Zielstrebig schob sie ihre geöffnete Kroko-Tasche unter die Tischkante, kippte die Etagere, und weg war die ganze Schokolade. Ich wurde kein Mitglied.

Ganz zu Beginn meiner Zeit als Weinhändlerin erhielt ich ein Angebot von einer Buchhandlung. Im Monatswechsel durften sich junge Firmen in ihrem Geschäft präsentieren. Toller Raum, schönes Oberlicht – das nutzte ich gerne und entschloss mich, vier Weine auszustellen. Der Schreiner baute mir dazu vier Konsolen, die mit «In Vino Veritas I/II/III/IV» beschriftet wurden. Jeder Wein auf dem Sockel wurde vom Porträt einer bekannten Persönlichkeit begleitet, der ein Kommentar in den Mund gelegt wurde. Die Texte legte ich der Buchhandlung zur Begutachtung vor, sie waren genehm. So sagte Prinz Charles zum Rosé mit der Rose auf dem Etikett der Flasche: «Alkohol befreit» und Christoph Blocher meinte zum *Amarone:* «Gute Ausländer reifen im Keller.» Der Fax von der Buchhandlung war vor mir zu Hause: «Wir bitten Sie, Ihre Ausstellung umgehend abzuräumen. Wir haben keine Lust, einen Monat lang vier Männerköpfe in unserem Geschäft anschauen zu müssen. Wir führen eine Lesbenbuchhandlung.»

Önologie: Lehre und Wissenschaft vom Wein (griechisch: oinos = Wein)

Önothek: Weinhandel, evtl. mit Ausschank

Önologin: Fachkraft Weinbau, Weinerzeugung

Weinkurse

Weinkurse Die Einführung am Kursabend war lebendig und ganz dem persönlichen Geschmack gewidmet, welcher beim Weintrinken das Wichtigste sei, egal was andere sagen. Ich schenkte den ersten Wein ein, da fragte eine Teilnehmerin ängstlich ihren Mann: «Schatz, hei mir dä gärn?» Wie gesagt: Nur der EIGENE Geschmack zählt.

Nach einem sehr gelungenen Kursabend mit Frauen beschlossen diese, noch einmal mit ihren Männern zu kommen. Dieser zweite Abend wurde zäh. Rechthaberisch, belehrend und völlig humorbefreit korrigierten die Männer sämtliche Beiträge der Frauen. In der Pause fragte mich eine der Frauen: «Warum haben Sie uns nicht gewarnt?»

Eine Gruppe von Architekten hatte einen Weinkurs gebucht, sie erschienen bereits leicht angeschickert. Kaum waren wir im Keller, ertönte der erste Pimmelwitz. Umgehend bat ich sie, doch bitte wieder nach oben zu kommen, damit ich ihnen das Geld zurückgeben könne und sie anderswo den Abend ausklingen lassen. Es machte mir Angst.

Fit mit déjà bu …

déjà bu …

GRUPPENTHERAPIE

Nach einem Weinkurs stellten sich zwei Teilnehmer, Schwiegervater und Schwiegersohn, mitten in den Laden und jodelten zum Dank das Lied «Im Röseligarte». Kein Auge blieb trocken.

Auf der Visitenkarte dieser Weinkursteilnehmerin stand «Wine Consulting». Im Kurs unterbrach sie mich und bat – nur so aus Interesse – zu präzisieren, ob *Merlot* eine Traube oder eine Region sei? Da braucht es wohl noch etwas mehr Consulting.

Die Interessentin für ein Weinseminar hatte noch Fragen. «Kostet es weniger, wenn ich vegetarisch esse und am Schluss kein Handbuch mitnehme?» Nein.

Was halten Sie von Wein-Zubehör?
Ehrlich gesagt erinnern mich die meisten dieser «Hilfen» an Spitex, ich möchte sie nicht auf meinem Esstisch haben. Orientieren Sie sich beim Zubehör an Ihrem Winzer: Was er nicht hat, brauchen Sie nicht.

Geschenke können auch beleidigen. Eine Frau war über den Gutschein eines Weinkurses sehr empört. «Das weiss ich doch schon alles!» Seltsam, echte Weinfreaks können nie genug hören, testen, vergleichen und kennenlernen – je mehr man über Wein weiss, umso mehr merkt man, wie wenig man weiss.

«Sie dürfen dann wieder mal für uns köcherlen!», trällerte die Kundin am Arm ihres Gatten. Sie sprach von einer Wiederholung eines Weinkurses mit Buffet. Herzallerliebst.

Einmal hat ein Herr einen perfekten *Brunello* 1999 geschwenkt und beschnuppert – und dann den Wein in den Spucknapf geschüttet, ohne zu probieren. Auf mein fragendes Gesicht hin meinte er nur: «Können wir weitermachen?»

Am Weinkurs schenkte ich *Sauvignon Blanc* ein. Die acht Herren hoben ihr Glas zur Nase, schauten sich an und stellten es gleich wieder ab. Zuerst dachte ich an Korkenstinker, das war es aber nicht. Da klärte mich einer der Herren auf: «Wir sind Urologen und dieser Wein mit seinem Duft nach ‹Pipi de chat› erinnert uns zu sehr an unsere Patienten.»

Wäre es nicht spannend, Weinvorlieben von Berufsgattungen zu ergründen? Für Bus-Chauffeure vielleicht *Riesling* mit dem Spitznamen «Diesling», weil er einen Petrolton haben kann. *Pinot Noir* für Schreiner, weil er manchmal Noten von Zedernholz aufweist …

Das schönste Kompliment zum Weinkurs: «Jetzt brauch ich all die anderen Kurse gar nicht mehr, es kommt ja nur auf mich selber an!» Genau!

Froschkönig
Am Ende meiner Weinkurse las ich ab und zu das Märchen vom Froschkönig vor (eher in Frauengruppen, Männer fanden es mässig amüsant):

Es war einmal in einem Land ganz weit weg eine wunderschöne, unabhängige, selbstbewusste Prinzessin. Sie betrachtete einen Frosch im Biotop ihrer Ökowiese, unweit ihres Schlosses.

Der Frosch hüpfte in ihren Schoss und quakte: «Meine Schöne! Einstmals war ich ein hübscher Prinz, bis mich eine böse Hexe verzaubert und mit einem Fluch belegt hat! Ein Kuss von dir und ich werde wieder der schmucke, junge Prinz, der ich einmal war. Dann, Süsse, können wir heiraten und einen Haushalt im Schloss meiner Frau Mutter führen, wo du meine Mahlzeiten kochen darfst, meine Wäsche wäschst und bügelst, meine Kinder gebärst und grossziehst und damit glücklich und zufrieden bist für den Rest deines Lebens.»

An diesem Abend lächelte die Prinzessin leise vor sich hin – bei einem Glas duftendem Chardonnay und leckeren Froschschenkeln.

«Weinreise?

Oh, wie romantisch!», riefen viele Kundinnen ganz verklärt. Da habe ich definitiv etwas verpasst. Wenn ich jeweils nach Ladenschluss am Samstag lospreschte, um Sonntag/Montag Winzer zu besuchen, liessen die italienischen Strassenausschilderungen selten romantische Reisegefühle aufkommen. Trotz Landkarte (vor Handy und Navi) habe ich mich auf den kleinen Strässchen oft verfahren. Aber die Besuche auf den Höfen entschädigten für Verzweiflung und Müdigkeit. Wenn ich allerdings durch eine Umleitung zum dritten Mal an denselben Kreisel kam, verteilte ich schon mal paar Ausdrücke an die Sonnenblende. «Cretini, scemi!»

Auf dem Weg

Die oft wiederholte Empfehlung, die Winzer doch mit dem Zug zu besuchen, bleibt ein Luftschloss, solange sich die Weinbauern weigern, ihre Höfe anständig in die Stadtzentren zu pflanzen. ÖV und Italien – Sie wissen schon …

Zweimal hatte ich eine Panne und musste mit fremden Autos weiterfahren. Einmal verlor ein Auto vor mir auf der Autobahn bei Milano ein Brett, das flog direkt in den Kühlergrill und weg war das Kühlwasser. So marschierte ich um vier Uhr in der Früh zur nächsten Raststätte, um den ACI-Service anzurufen. Dieser erschien um 8 Uhr mit dem Ersatzwagen. Auf dem Heimweg nahm ich meinen reparierten Wagen wieder in Empfang. Beim zweiten Mal war mir ein Hotelier gnädig. Er lieh mir sein Auto, während meines einen Tag in der Reparatur verbrachte.

Wein ist der beste Geografielehrer!

Die Besuche

Ein Besuch, der mir trotz Umwegen immer in bester Erinnerung bleiben wird, ging in die **Emilia Romagna.** Alles auf dem Hof dort war extrem klein, sauber und still – weit und breit kein Nachbar. Stefano erklärte mir, wie die mobile Abfüllanlage zu seinem kleinen Hof kommt: Nur nachts, weil der Hofplatz zu klein ist, muss dieses Riesengefährt auf der Strasse stehenbleiben und versperrt sie damit. Er führte aus, wie er manchmal nachts neben dem Tank im Schlafsack Wache hält, um die Gärung zu verfolgen. Er könne am Ton erkennen, wie weit die Gärung vorangeschritten sei. «Der Weinkeller ist ein Kreisssaal», führte er aus. «Wer wie ich ausschliesslich mit den vorhandenen Wildhefen im Traubengut arbeitet, also Spontangärung betreibt, kann nie voraussagen, wann die Gärung startet und wie lange sie dauern wird. Dagegen sind Gärverläufe, die mit zugefügten Reinzuchthefen in Gang gesetzt werden, so vorhersehbar wie ein terminierter Kaiserschnitt im Kreisssaal.»

Gianfranco Soldera lässt die Besucher auf seinem toskanischen Weingut wissen, dass er nicht daran interessiert ist, sich über andere (als seine) Weine zu unterhalten. Und wer seine Regel des Nichtspuckens missachtet, wird gebeten zu gehen.

Verkosten wollte ich nichts, ich hatte zu Hause schon die neuen Probeflaschen geöffnet. Ich hörte einfach zu und nach eineinhalb Stunden verliess ich diesen Hof, reich beschenkt mit vielen Details und Düften, Gedanken und Notizen.

Überraschend viel Kultur erlebte ich auf einem Weingut bei **Pesaro, Le Marche.** Unvergesslich der Stolz des jungen Vaters Alberto, der für seine Tochter im Geburtsjahr eine 18-Liter-Flasche von seinem besten Rotwein, dem *Cappitano*, abfüllte und sich schon jetzt auf den 18. Geburtstag von Ludovica freute. Es war eines der besten Mittagessen – Mamma! –, das ich je genoss. «Wir sind halt richtige Mangioni*», strahlte der Bruder Alessandro. Der Verdauungsspaziergang führte uns in die Geburtsstadt von Rossini, ein Rundgang, bei dem es auch Beispiele von Mussolinis Brachialbauten zu sehen gab.

> Wenn es mir der liebe Gott erlaubt, darf
> ich in meinem Leben vielleicht 30 Ernten
> heimbringen – da ist kein Platz für Dummheiten.
>
> Josef Umathum, Winzer, Österreich

Im **Piemont** stand ich mit Marco oben am Rebberg für seinen *Barolo.* «Siehst du? Diese zwei ersten Reihen Weinstöcke entsprechen in diesem Rebberg etwa der angenommenen Menge von Weinen mit Korkgeschmack – also jener Menge Wein, die weggeschüttet wird.» Mit demselben Winzer stand ich in Ligurien über Imperia in seinem Rebberg für den weissen *Pigato.* Die zwei äussersten Rebzeilen, angrenzend zum Nachbar-Rebberg, standen völlig entlaubt da. Nackt. Das Spritzmittel vom Nachbarn hatte sein Werk getan. Unglaublich, welche Einflüsse dem Winzer das Leben schwermachen können: Witterung, Gesetze, Tiere, Nachbarn … Alles Verluste, die nicht auf der Etikette stehen und doch den Weinpreis beeinflussen.

*Leute mit ungebremster Freude am Essen

Wenn ich jeweils eine Reise in den **Süden Italiens** vorbereitete, begann das am Telefon mit «Brondo!» – nicht «Pronto!» wie im Norden. Als hätten Ebbe und Flut die Wörter abgeschmirgelt, p zu b, t zu d gerundet. In Brindisi stiess ich in einer grossen Bar auf eine Besonderheit, die in anderen Ländern kaum denkbar wäre: die totale Verehrung von Mussolini und Hitler, ausgestellt in Fotos, Fahnen, Uniformen, Hakenkreuzen und Waffen, sogar auf Weinetiketten. Der Winzer Andrea aus Ostuni erklärte mir, ein paar Leute zu kennen, die einen Diktator wie Mussolini wieder begrüssen würden. «Ja, der Süden ist sehr arm», sagte er.

Für den Winzer Julien Sunier (F)
ist «ein guter Wein» eine leere Flasche.

Ziemlich ungemütlich wurde es einmal, als ich in **Sizilien** das Weingut nicht fand und mitten in der Pampa von der Strasse abkam. Plötzlich tauchte vor dem Auto ein wild fuchtelnder Mann auf, der mich da ganz eindeutig nicht haben wollte und mich mit lautem Geschrei verscheuchte. Ich musste in die Nähe von illegal beschäftigten Saisonkräften gelangt sein. Man spricht von einer halben Million illegal Beschäftigter, die bei der Trauben-, Oliven- und Orangenernte auf Tomaten-, Zwiebel- und Erdbeerfeldern eingesetzt werden. Zwei Drittel davon leben laut Caritas unter katastrophalen Bedingungen im Freien, in Zelten, selbstgezimmerten Baracken oder verlassenen Häusern. Ohne Wasser, Strom und Toiletten. Im apulischen Rignano Garganico hausen schon seit Jahren rund 2000 afrikanische Feldarbeiter in einer Slumsiedlung. Dumpingpreise für Obst und Gemüse erhalten das System dieser Ausbeutung am Leben. Für ein Kilo Tomaten aus Apulien bekommen die Landwirte weniger als acht Cent, für Trauben und Orangen gibt es nicht viel mehr.

In Fiesole oberhalb **Florenz** war trotz Faxbestätigung allein die Sekretärin im Büro. «Dimentihato» («dimenticato» mit «h» statt «c»), was so viel heisst wie «vergessen» im «toskanischen Hals» (Gorgia toscana), in dem sowohl «q» wie «c» als «h» ausgesprochen werden. Morgen habe sie noch einen Termin – da hatte ich aber meinen Laden schon wieder geöffnet. Die Aussicht allerdings von Fiesole runter auf Florenz war einmalig, «uniho» («unico»)!

Über Triest gings ins **Friaul.** Dort erlebte ich auf einem Weingut, was es heisst, Winzerin in Italien zu sein. Äusserst zielstrebig und selbstständig führen da Mutter und Tochter ihr Weingut. Ich kann mir nicht vorstellen, dass auch nur irgendjemand eine Widerrede wagen würde. Diese zwei Damen haben geübt, wie Durchsetzen geht! Die Degustation verlief nach ganz

dieser Sommerwerbung
n déjà bu wurde jedem
ein ganz besonderes
genmerk geschenkt,
s Herkunft, Alter,
eis), Grösse und
gen-), Farbe betraf.

klaren Vorgaben. Im Minutentakt schenkte die eigens dafür ab-
beorderte Angestellte den lediglich zwei Besuchern ein, um sich
sofort mit zwei Retourschritten wieder in ihre stumme Warte-
position zu begeben. Entsprechend klar, streng und makellos
zeigten sich auch diese Weissweine. Zurück in der Stadt Triest
kam es zu einer zufälligen Begegnung mit dem Fotografen Ugo
Borsatti (*1927), der sein ganzes Leben «seiner» Stadt widmete
und mir mit seinen grossartigen Schwarzweissfotos und den
Ausführungen dazu eine Geschichtsstunde erster Güte bot.

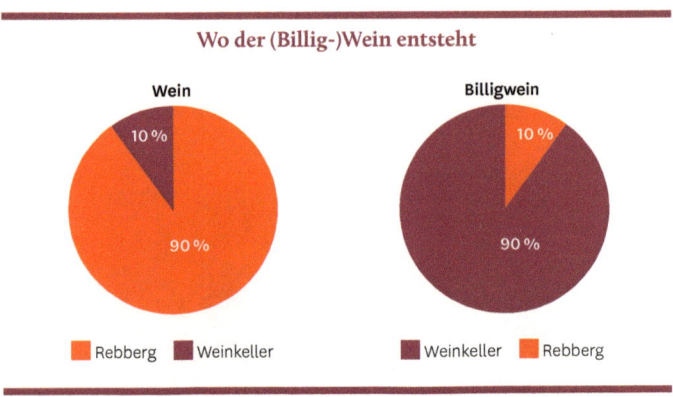

Im **Südtirol** war nach telefonischer Vereinbarung dann doch niemand im Castel. Solche Vorkommnisse dienen einer natürlichen Selektion auf Geber- und Nehmerseite, können doch nicht alle Weinhändlerinnen denselben Wein importieren. Die autonome Provinz Südtirol gehört zu den reichsten Regionen, nicht nur Italiens, auch der EU. Erreichbarkeit und sprachliche Verständigung waren für mich ebenso attraktiv wie die unglaublich grosse Traubenvielfalt dieser Region. Ich war begeistert und hätte mir vorstellen können, die Weinhandlung ausschliesslich mit Südtiroler Gewächsen zu bestücken. Die Nachfrage wuchs von Jahr zu Jahr.

Warum vertrage ich den Wein nicht?

- Gesundheit
- DNA
- Geschlecht

Nebst der Veranlagung (Allergien) können sich Medikamente, aber auch Nahrungsmittelzusätze schlecht mit Wein vertragen. Durch gewisse Enzyme im Magen absorbieren Frauen zudem mehr Alkohol im Blut als Männer – daher auch die Empfehlung der kleineren Menge Wein für Frauen*.

---

*Die Weltgesundheitsorganisation definiert mässigen Alkoholkonsum als eine Menge bis zu 20 Gramm Äthylalkohol für Frauen und 30 Gramm für Männer. Das entspricht etwa 0,2 Liter respektive 0,3 Liter Wein pro Tag.

Irgendwie schien mir diese Region aber mit jeder Reise dorthin fremder. Je genauer ich das Südtirol anschaute, umso unbegreiflicher wurde es mir. «Alla prossima» verabschiedete ich mich in einem Hotel bei Meran und wurde umgehend zurechtgewiesen: «Hier spricht man deutsch!» Ein junger Winzer wünschte sich die Zeit seines Grossvaters zurück, der noch mit der «richtigen» Uniform gegen Fremdbestimmung kämpfen durfte. Hotels treiben sich gegenseitig in ruinöse Um- und Anbauten, um stets bei den angesagtesten Sportarten vorne mit dabei zu sein. Immer grösser, immer mehr. Weg vom interessierten Besucher, hin zum Massentouristen, den man eigentlich verachtet. Wie eine Weinfachperson es ausdrückte: «Wenn die Kuh schon da ist, muss sie gemolken werden.»

Im Kontrast zu diesem radikalen «Mit der Zeit gehen» steht die Episode am Nebentisch im Restaurant, an dem plötzlich die Stimmung kippte und die jungen Männer ihre italienisch sprechenden Kollegen mit «Haut ab, das ist unser Terrain!» eindeckten. In Bozen sieht der Fremde – in Europa einzigartig – die dreisprachige «Freie Universität Bozen». Eltern hingegen müssen entscheiden, ob sie ihre Kinder in italienisch- oder deutschsprachige Kitas oder Schulen schicken, gemischtsprachigen Unterricht gibt es kaum. War am Ende dieser Andreas Hofer gar kein Held, sondern ein Bauernopfer? Ich weiss, der Traum von Selbstversorgung (und -bestimmung!), der Fruchtfolgen und kleinen Pensionen ist vorbei. Ich wünschte mir einfach mehr Würde für die vielen Gastgeberinnen dieser wunderschönen Region, die so viel mehr zu bieten hat als Touristenattraktionen mit englischen Namen.

Sobald der Wein mein Weingut verlässt,
wird er kompliziert bzw. kompliziert gemacht.

Manni Nössing, Brixen

Der Besuch im **Veneto** begann sehr spannend, der Traubenmost im Stahltank war am Gären. Ich durfte auf die Leiter steigen und von oben mit der Holzstange den warmen, duftenden Tresterhut* runterdrücken. Auf der Fahrt zum Restaurant bog der Winzer dann allerdings zum Flussufer ab – ein peinliches Intermezzo, das mir die Lust an weiteren Weinbestellungen nahm.

Herausforderungen für den Winzer bei der Weinbereitung

50 % 50 %

Reberziehung, Rebschnitt, Bodenpflege, Schädlingsbekämpfung, Laubarbeiten, Ausdünnung, Traubenlese, Trauben pressen, Most vergären, Wein ausbauen, Abfüllen

Die Kunst, im richtigen Moment nichts zu tun, und das so oft wie möglich

*Der Tresterhut besteht aus Schalen, Kernen und Stielen, die bei der Maischegärung an die Oberfläche schwimmen. Er wird mehrmals manuell oder maschinell untergehoben, um die in den Schalen enthaltene Farbe und Aromen an den Wein abzugeben.

Auf dem Weingut von Isabelle und Christoph erlebte ich in der **Toskana** sehr spannende Stunden zum Thema Schädlingsbekämpfung auf natürliche Art. Es ging um den Traubenwickler. Diese Fliege legt ihre Eier auf die Traubenbeeren. Nach wenigen Tagen schlüpft ein Würmchen, das sich vom Fruchtfleisch ernährt. Auf diesen Verletzungen bildet sich dann ein Schimmel, der nur schwer zu bekämpfen ist. Christoph spritzte gegen diese Fliege ein Hefebakterium: Bacillus thuringiensis. Früher war dieses Bakterium wärme- und lichtempfindlich, deshalb hat man erst nach Sonnenuntergang gespritzt – was bei den Nachbarn allerlei Gemunkel hervorrief.

Winzerbesucher

Nachricht eines Winzers aus dem Piemont: «Cara Ruth, gib bitte meine Adresse nicht mehr weiter, die letzten zwei Gruppen waren unangenehm. Sie wollten kein Ende akzeptieren, wurden unhöflich gegenüber meiner Frau und waren zuletzt nur noch ausfällig.»

Bitte auf dem Weingut nicht nach «Nachschenken» fragen …

Bitte einer Winzerin

Nach dieser Peinlichkeit gab ich nur noch Adressen von Weingütern heraus, die Personal für Besucher haben. Auf vielen Betrieben führte ein Generationenwechsel zu Neuausrichtungen im Marketing, zu dem auch die Verkostungen auf dem Hof gehören. Hofbesuche werden strukturierter angeboten, man will nicht einfach überrannt werden. So akzeptieren heute viele Winzer nur noch erwachsene Besucher. Einer sagte mir: «Wer sich keinen Babysitter leisten kann, kann sich auch unsere Weine nicht leisten!» Ich fragte verschiedene Winzer nach ihren Erfahrungen mit «betreuungsintensiven» Besuchern.

Während solche auf grossen Weingütern kein, auf mittleren nur selten ein Thema waren, haben die meisten kleinen Weingüter schon Erfahrungen mit dieser Spezies gemacht. Ob das nun am Respekt gegenüber Grösse oder Namen von Weingütern oder an einer strafferen Organisation liegt, ist schwer zu sagen. Ähnliches kenne ich von Ladengrössen: Je kleiner der (Wein-) Laden, desto grösser die Partikularinteressen und der Wunsch nach Mitbestimmung.

«Wir haben nie Berechnungen angestellt, was es uns kostet, Wein für Besucher zu öffnen und mit ihnen Zeit zu verbringen. Plötzlich wurde es zu viel und wir entschlossen uns, die Besuche zu strukturieren.» Auf der Website von Frank Cornelissen, Sizilien, heisst es: «Ein Besuch bei uns dauert 2–3 Stunden, beginnt mit einer Tour zu den Rebbergen, gefolgt von einer Kellerbesichtigung mit der Verkostung von 3 oder 4 Weinen. Wir empfehlen einen Pullover für den Keller (16 °C) mitzubringen. Auch wenn wir Kinder haben und lieben – im Weinkeller sind nur Erwachsene erlaubt. Wein ist erst ab 18 Jahren erlaubt und Kinder können sich im Weinkeller verletzen oder erkälten. Besuchern mit starkem Parfum oder Aftershave ist der Zutritt zum Weinkeller untersagt. Wir bitten Sie, pünktlich zu erscheinen.»

Ein Ehepaar erzählte von seinem Besuch bei einem Winzer im Piemont: «Man konnte keinen einzigen Wein trinken, alle ungeniessbar!» Diese Aussage sagt nichts über das Weingut, aber viel über diese Besucher aus. Man denkt spontan: «Fahren Sie nach Hause und belästigen Sie sich selber!»

Mit Winzern sprechen

Bleiben Sie unbefangen im Gespräch mit Winzern! Es ist völlig okay, nichts zu sagen. Wer aber Lust hat, etwas zu erfahren, dem fehlen manchmal die Worte. Deshalb hier ein paar Ideen, was an Degustationen oder auf den Weingütern gefragt werden könnte:

- Was könnte ich Ihrer Meinung nach zu diesem Wein meinen Gästen kochen?
- Aus welcher Glasform trinken Sie diesen Wein am liebsten?
- Bei welcher Temperatur (Sie werden staunen!)?
- Gibt es traditionelle Gerichte aus Ihrer Region, die gut zu diesem Wein passen?
- Um eine Idee vom Ertrag* zu erhalten: Gibt es pro Rebstock eine Flasche Wein – oder weniger – oder mehr?
- Hat sich dieser Wein mit dem Alter der Rebstöcke verändert?
- Hat die Beerengrösse einen Einfluss auf Ihren Wein?
- Veränderten Sie in der Weinbereitung etwas gegenüber der Arbeit Ihres Vaters oder Grossvaters?
- Ist Ausdünnen von Trauben überholt, weil vielleicht der Klimawandel für mehr (Zucker-)Konzentration in den Trauben sorgt?
- Merken Sie, dass neue Weinstile gefragt sind, aus Mode- oder Klimagründen?
- Wenn Sie jetzt neues Rebland bestocken könnten, welche Traubensorten würden Sie wählen?
- Müssen Sie bewässern? Kosten?
- Glauben Sie, dass die schattenspendende Reberziehung nach dem Pergel-System (die Trauben hängen unter dem Blätterdach) wieder eine Zukunft hat?

---

*Die meisten Winzer geben ihre Erntemenge im Verhältnis Hektoliter (100 Liter) pro Hektar (10 000 Quadratmeter) an. Beispiel Barolo: maximal 80 hl/ha erlaubt.

- Was wünschen Sie sich für den zukünftigen Weinbau?
- Haben Sie ein Vorbild im Weinbau?
- Was hat Sie am meisten überrascht, als Sie mit dem Weinbau begonnen haben?
- Planen Sie neue Projekte?
- Was ist das Schönste an Ihrem Beruf?
- Was ist das Schwierigste an Ihrem Beruf?
- Kann heutzutage jemand ohne Ausbildung erfolgreich ein Weingut führen?
- Haben sich die Weingesetze in Ihrer Region verändert?

Vor dem Degustieren:

Kein Aftershave/Parfum, keine Zigaretten und kein Kaffee (er macht die Papillen «schwerhörig»)

Die Wünsche der Winzer

Es gibt unzählige Gründe, zum Wein zu reisen. Weinanbaugebiete sind immer schön, das Essen herausragend und die Sportlichen unter uns können wandern, biken oder joggen. Alles fein. Ausser Sie reisen während der Lese zu den Weingütern – ein Graus für jeden Winzer, da findet er einfach keine Zeit für Besucher.

- Besuchen Sie uns nur mit ernsthaftem Interesse.
- Lassen Sie Vorurteile fallen, probieren Sie, was offeriert wird – selbst, wenn Sie bis dahin noch nie einen *Primitivo* nach Ihrem Geschmack tranken.
- Fragen Sie nicht nach unserem Lieblingswein. All unsere Weine sind wie Kinder für uns.
- Besserwisser machen keine Freude, und der Winzer ist nicht jedermanns Duzfreund.
- Betrunkene Besucher sind peinlich.
- Erkundigen Sie sich nicht, wann denn der richtig gute Stoff eingeschenkt werde.
- Bitte kein Patrongehabe, selbst wenn Ihr Auto mehr gekostet hat als unseres.

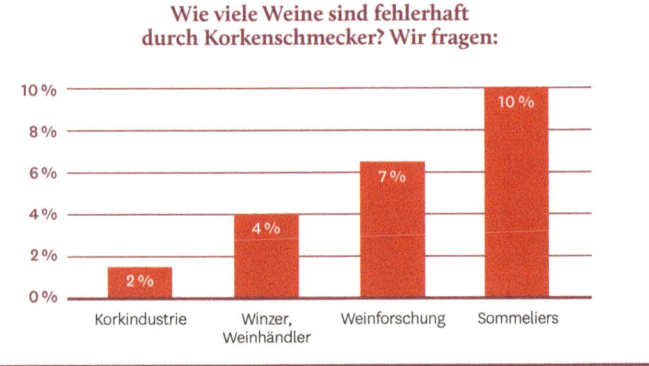

Wie viele Weine sind fehlerhaft durch Korkenschmecker? Wir fragen:

Korkindustrie	2 %
Winzer, Weinhändler	4 %
Weinforschung	7 %
Sommeliers	10 %

Weinmessen
Wer sich nicht zeigt, wird vergessen! Trotz interessanter Begegnungen rechnen sich Messen für die Winzer nicht immer. Reise, Hotel, Arbeitskräfte, Beteiligungsgebühr, Ausschank … Ausgaben, die bei kleinen Weingütern schnell auf 15 % des Umsatzes steigen können.

Der Besuch grosser Weinmessen wie der **ProWein** in Düsseldorf (6800 Aussteller aus über 60 Ländern) ist eine regelrechte Parforcejagd, die sich nur lohnt, wenn man sehr gut vorbereitet hingeht.

Terroir (franz. «Gegend», lat. terra «Erde») umfasst:
- Boden (locker, steinig, lehmhaltig …)
- Lage (Höhe, Hangneigung, Sonneneinstrahlung …)
- Klima (Mikro-, Makroklima …)
- Anbau (Rebsorten, konventioneller oder biodynamischer Anbau, Begrünung …)
- Menschen (Art der Bewirtschaftung, Bewässerung, Handschrift des Winzers …)

Um Übernachtungskosten zu sparen und den Laden zu Hause nicht zusätzlich zu schliessen, fuhr ich an die **Vinitaly** in Verona, jeweils am Sonntagmorgen um 3 Uhr in der Früh. So konnte ich mich nach dem ersten herrlichen Kaffee auf der Autobahn gleich bei Türöffnung in das Getümmel des Messegeländes stürzen, ohne anstehen zu müssen. Eine sehr spezielle Stimmung erwartet die unzähligen Besucher aus allen erdenklichen Ländern. All die Wiedersehen, die Erwartungen, diese wabernde Weinluft, das Schaulaufen, der Frühling, «la moda» und immer wieder «Ciao, ciao, come stai?» und Luftküsse ohne Ende.

Am Abend hatte ich freigelegte Zahnhälse und von all den frisch abgefüllten Weinen Zähne und Lippen in «römisch-katholisch Violett». Wenn die Sperrstunde nahte, versammelten sich überall kleine Gruppen, die Restaurant-Wahl fürs Nachtessen wurde verhandelt. Das konnte dauern und sogar in Venedig enden.

Tannin verursacht ein adstringierendes und trockenes Gefühl im Mund. Man hat das Gefühl, dass sich der Mund etwas zusammenzieht, ähnlich wie bei starkem Schwarztee, Baumnüssen und Traubenkernen.

Das Hotelzimmer im Albergo Merica in Sommacampagna sah ich jeweils nur für ein paar Stunden, bevor ich um 7 Uhr schon wieder im Stau Richtung Messegelände stand. Jeden Morgen stellte Edda ihre frische Torta quattro quarti (→ Rezept Seite 105) zum Cappuccino auf die Frühstücksbar. Und jeden Morgen erhielt ihr Sohn, der Erstklässler Roberto, von ihr einen Kaffeelöffel vom besten dickflüssigen Aceto Balsamico statt Lebertran. «Per la salute.»

Nach dem zweiten Ausstellungstag fuhr ich am Montagabend zurück in die Schweiz, im Gepäck unzählige Notizen, Neuentdeckungen, Geschichten oder Tratsch, solche Messen sind auch grandiose Gerüchtebörsen. Das Auswerten und Aufarbeiten des Messebesuches dauerte ein paar Wochen. Und nach zweimal gut schlafen freute ich mich schon auf die nächste Vinitaly.

Ein Geschäftsmann kaufte an der **OLMA** *Amarone,* obwohl er diesen Wein gar nicht mag, er ist ihm zu schwer. Auf meine erstaunte Frage, warum er denn jetzt trotzdem, wie er sagte, «den Keller voll damit habe», leuchteten seine Augen: Die Stand-Dame war eine Schönheit.

Ein anderer Kunde unterschrieb an der **Züspa** für zwölf Flaschen Wein. Sie kamen prompt – jeden Monat wieder, er hat das Kleingedruckte übersehen. Diese Art von Abzocke hat bei unseriösen Anbietern System und läuft dort unter Demenzmarketing.

**Verkaufen Sie auch Wein-Portionierer
zum exakt gleichen Einschenken zu Hause?**

Haben die Gäste reklamiert, fühlte sich
der Gatte übervorteilt? Wurde diese Frau
beim Einschenken getadelt? Was. Läuft. Da?
Weil die Frage alles andere als spassig gemeint
war, kroch die Beklemmung in mir hoch. Wie
deprimierend kann der Umgang mit Wein denn
noch daherkommen? Ja, es gibt Glas-Portionierer,
sie haben den Charme einer Bettpfanne im Spital
und bis sie auf die Flasche gefummelt sind, will
keiner mehr Wein. Kaufen Sie geeichte Gläser
im Gastronomie-Bedarf (oder schwatzen Ihrem
Lieblingswirt ein paar davon ab).

USA Mein viel zu kurzer Aufenthalt im **Napa Valley** hätte nicht informativer sein können. Dort erlebte ich auch die schrägste Degustation, privat bei einer Kellermeisterin. Überraschend erschien bei ihr an diesem Abend die AVON-Lady (Kosmetikprodukte). Beide Anlässe vermischten sich, am Schluss lagen etliche Damen sehr arg geschminkt unter dem Sofatischchen. Das Motto der Degustation blieb jedoch bis zum Schluss: «Be a voice, not an echo!» (Hab selber eine Meinung, sei nicht nur ein Echo!)

Riedel produziert allein für die Traubensorte *Pinot Noir* zwölf verschiedene Gläser. Eines davon speziell für *Pinot Noir* aus Oregon, USA.

In **Sacramento** traf ich Darrell Corti in seinem Comestibles-Geschäft «Corti Brothers». Ein äusserst distinguierter Herr in den Siebzigern, eine gastronomische Enzyklopädie auf Beinen, der den italienischen Wein in den USA erst so richtig bekannt machte. Auf dem Weg zum Mittagessen überquerte er ganz selbstverständlich den immensen Parkplatz, um einen weit entfernt stehengelassenen Einkaufswagen zurückzuholen. In Krawatte, er rief nicht einen seiner Angestellten. Dabei erzählte er mir, dass er sich entschlossen habe, keine Weine über 14 Vol.-% mehr zu verkaufen (ausser Spezialitäten wie Amarone). «Solche Weine passen nicht mehr in das immer wärmer werdende Klima, zudem sind sie keine geeigneten Begleiter zur stets leichter werdenden Küche.» Ein radikaler Entschluss, der sogar Winzer ermutigte, aus dem Wettbewerb von «immer dicker, immer süsser, immer hochprozentiger» auszusteigen.

Im CIA, dem Culinary Institute of America in **Copia,** war ich zum Lunch verabredet, der CEO war Schweizer. Man erklärte mir den ernsthaften Wettbewerb zwischen vielen Köchen vergleichbar grosser Restaurants: Gewinner war, wer am wenigsten Kilometer auf seiner Einkaufsliste hat. Auf den Menukarten wurden die Kilometer der Nahrungsmittel angegeben, die diese vom Entstehungsort zum Restaurant zurücklegten. Ein schlaksiger Mann mit grauem Pferdeschwanz blieb an unserem Tisch stehen, er wurde mir vorgestellt als Randall Grahm. Winzer, Freigeist und Enfant terrible. Ein paar Jahre später sollte er in die Hall of Fame im CIA aufgenommen werden. «Europa», meinte Randall, «hat das Terroir. Wir hier in den USA haben dafür die Freiheit, nicht an Traditionen gebunden zu sein.» Seine Experimentierfreude ist legendär. Wer sonst käme auf die Idee, Eisweinversuche in der Gefriertruhe anzuzetteln, den Geschmack nach Mineralien mittels echter Steine im Tank zu erproben oder ein Korkbegräbnis, *The old Stinker*, mitten in New York abzuhalten, nachdem er endgültig auf Drehverschluss umgestellt hatte?

Am Tisch nebenan erschien der Sommelier, selbstverständlich mit Berufsbezeichnung auf dem Namensschild. Erfreut deutete eine Dame auf sein Schild und rief: «Oh you're from Somalia?», dabei war er nicht mal eine Person of Colour (→ Sommeliers und -ièren, Seite 96).

A pig: So wird die Magnumflasche (1,5 Liter) in den USA ab und zu genannt, weil sie gross und rund ist.

Ein Winzer aus **Calistoga** gestand mir: «Ich trinke meinen Wein nicht gerne, mache ihn nur der Parker-Punkte wegen.» Man will schliesslich verkaufen und solche Punkte helfen enorm. Das passte zur Aussage eines Weinhändlers in San Francisco: Wenn dieser (damals noch) mit einem Fax seine Kunden informierte: «Heute sind drei Paletten Wein mit 91 Punkten eingetroffen», waren diese innert Minuten ausverkauft. Dieselbe Ankündigung mit 89-Punkte-Weinen rief jedoch kein Echo hervor, obwohl es sehr unwahrscheinlich ist, dass überhaupt jemand im Gaumen 89 von 91 Punkten unterscheiden kann.

Die **Weinsprache** in den USA erschien mir damals neutraler, frischer, demokratischer, gesünder oder gar politisch korrekter als in Europa. Ich hörte keine Beschriebe sexistischer, snobistischer oder klassenbewusster Art wie: vollbusig, adipös, anbiedernd, nobel, geil, ordinär oder vornehm. Ob im Restaurant oder beim Winzer – viele Vergleiche hatten zu tun mit Nahrung (Zimt, Kirschen), mit Natur (Wald, Laub), Sauberkeit (brillant, leuchtend). Niemals aber Schweiss oder Katzenpisse bei einem *Sauvignon Blanc* – das wäre zu körperlich. Man wich da lieber auf Holunderblüte oder Tomatenlaub aus.

Gallo Nero

Seit einem Gerichtsfall 1991 in den USA zwischen der Kellerei «E. & J. Gallo» und dem «Consorzio del Gallo Nero» aus Italien steht auf dem runden Siegel nicht mehr «Gallo Nero» (schwarzer Hahn), sondern «Marchio storico».

Die **Prohibition (1920–1933)** war mehrmals ein Thema. 1920 soll es in Kalifornien über 700 Kellereien gegeben haben. Am Ende der Prohibition waren es noch 160. Ein Schlupfloch boten anscheinend Messe- und medizinische Weine, welche gegen Rezept in Apotheken erstanden werden konnten. Dazu gab es diese Blöcke aus Traubenkonzentrat, ca. ein Pfund schwer, die in Wasser aufgelöst werden konnten. Listigerweise hiess es darauf: «Achtung: Nach dem Auflösen in Wasser stellen Sie diese Flüssigkeit nicht für 20 Tage in den Schrank, sie könnte sich in Wein verwandeln.»

Das erinnert mich an meinen Götti, aufgewachsen im Pfarrhaushalt, der von Frau Mutter in protestantischer Selbstdressur streng abstinent geführt wurde. Jedes Jahr versteckte der Herr Pfarrer hoffnungsfroh ein paar Flaschen *Suser*, um sich ein bis zwei Wochen später einen flüssigen Konvertiten mit leichtem Alkoholgehalt genehmigen zu können. Leider fand Frau Pfarrer fast alle Verstecke.

Warning: After dissolving the brick in a gallon of water, do not place the liquid in a jug away in the cupboard for twenty days, because then it would turn into wine.

Warnung auf Traubenkonzentrat während der Prohibitionszeit

Zweimal wurde ich angesprochen auf das **Judgment of Paris** («Die Weinjury von Paris»), diese Blindverkostung, die 1976 in Paris stattfand und bei der überraschend kalifornische Weine über französische Gewächse triumphierten. Als Folge davon vervierfachten sich damals die Preise der Qualitätsweine im Napa Valley quasi über Nacht. Dabei lernte ich, dass das Wort Schadenfreude mangels genauem englischen Begriff auch in den USA gerne gebraucht wird.

Ein Dauerthema waren die **Bewässerungskosten** der Reben. Ein Weingut, das ich besuchte, bezahlte damals 3 Dollar pro Rebstock und Jahr für den Wasserverbrauch. Ein stolzer Preis für 2–2,5 Flaschen Wein (3–4 kg Trauben/Rebstock). Inzwischen dürfte das noch teurer sein.

Musik im Rebberg und Weinkeller. «Mit diesem Hokuspokus brauchen Sie mir nicht kommen, Frau Schürch. Mich kann man weder beim Weineinkaufen noch beim Weintrinken beeinflussen!», erklärte mir ein Kunde. Aber so einfach ist das gar nicht ... Giancarlo Cignozzi beschallt seine Weinberge auf Il Paradiso di Frassina, Toskana, rund um die Uhr mit Mozarts Klassikern. Man mag das für einen Marketingtrick halten, Giancarlo entdeckte dabei aber Überraschendes: Die beschallten Pflanzen sind kräftiger und entwickeln mehr Laub und dickere Blätter (mehr Chlorophyll, der Energieumwandler für Zuckerbildung). Das Ergebnis war eine verbesserte Traubenqualität mit mehr Polyphenolen (Farbstoffe/Tannine). Der Kupfer-/Schwefeleinsatz konnte reduziert werden und dank einer ca. zehn Tage früheren Reife wurde die Chance auf besseres Erntewetter erhöht.

Auf dem Weingut De Morgenzon in Südafrika hören die Rebstöcke 24 Stunden am Tag Barockmusik, oft von Johann Sebastian Bach. Seine Kompositionen enthalten mathematische Muster wie den Goldenen Schnitt oder die Fibonacci-Zahlen*, was von uns Menschen als schön, harmonisch und angenehm empfunden wird und wahrscheinlich auch von Pflanzen so wahrgenommen werden kann. «Die Gesundheit unserer Reben wird mit dieser Musik gestärkt», stellte der Besitzer Hylan Applebaum fest.

> Es gibt mehr Ding' im Himmel und auf Erden,
> als Eure Schulweisheit sich träumt.
> William Shakespeare

In Chile hören Weinberge und Weinkeller von Montes 365 Tage gregorianische Gesänge, «für bessere Reifung und mehr Harmonie».

In der Kellerei Fatalone, Apulien, wird ein Mix aus klassischer Musik und Tönen der Natur gespielt. Damit würden Sauerstoffanreicherung und Entwicklung der Mikroflora gefördert und die reifenden Weine beruhigt, wie der Besitzer Pasquale Petrera betont.

Musik-Weintipps
«Mozart und die List der Hirse»,
Florianne Koechlin, Denise Battaglia

champagneapollonis.com

monteswines.com

alparadisodifrassina.it

demorgenzon.com

---

*Die Fibonacci-Folge beginnt mit der Zahl 1. Der jeweils darauffolgende Zahlenwert bildet sich aus der Summe der vorhergehenden Zahlen, also: 1, 2, 3, 5, 8, 13 ... Wenn man diese Zahlen durcheinander teilt, ist das Ergebnis immer 1,618, bekannt als «Phi» oder Goldener Schnitt. fibonacci.com/music

Wenn die Champagnerflaschen bei Michel Loriot im Weingut Apollonis (F) für die zweite Gärung auf ihrer Hefe liegen, hören sie Beethoven, Mozart oder Mahler. Musik, die schon im Rebberg zu hören war. «Schallwellen stimulieren die Hefezellen, damit werden Struktur und Aroma unserer einzigartigen Champagner verbessert», ist Loriot überzeugt.

Merkmale ECHTER Weinfreaks
Haben ein «Merlot Lover»-Tattoo ⚑ Bewerten ein Wochenende mit «93 Punkten» ⚑ Ihre Kinder heissen Robert, Parker und Junior ⚑ Ziehen «Viognier» Viagra vor ⚑ Bewahren Bleistifte im Riedelglas auf ⚑ Ihre grösste Angst ist die «flüchtige Säure» ⚑ Rufen ihre Katzen «Korki» und «Tannin» ⚑ Gehen bei Unwohlsein zum Weinjournalisten statt zum Arzt ⚑ Teilen die Restaurant-Rechnung mit Freunden in Promille auf ⚑ déjà bu...

«déjà bu»-Serviette

Verkostungsnotizen von Wein sagen auch

Spannendes über die Weintrinker und die Werte der Zeit aus. Waren Griechen und Römer anfänglich zufrieden mit «Daumen hoch» und «Daumen runter», schätzten sie beim Wein schon Eigenschaften, die ihnen auch beim Menschen gefielen: Ehrlichkeit, Raffinesse oder Eleganz. Viel später, in Zeiten ausgeprägten Klassendenkens, konnte einem Wein durchaus «grosse Vornehmheit und Rasse» attestiert werden. Die Fitnesswelle brachte uns dann Weine mit «gestähltem Körper» und «sehniger Kraft», und heute gleichen die Beschriebe einem trinkbaren Biobauernladen. Man begegnet «Noten von Kapuzinererbsen» und «gedörrten Sauerkirschen». Vielleicht werden dereinst Notizen mit Skizzen ersetzt, um mit Farben, Formen oder Emojis für ein leichteres Verständnis der Weinbenennung beizutragen.

Weinbewertungen helfen drei Dingen:

1. den Verkaufszahlen
2. den Verkaufszahlen
3. den Verkaufszahlen – oder dachten Sie, Ihr Geschmack interessiert wen?

Falls Sie in der glücklichen Lage sind, einem kleinen Weinzirkel anzugehören, machen Sie mal Folgendes: Öffnen Sie drei Rotweine und verteilen Sie drei Zettel an jeden Teilnehmer. Auf jedem Zettel wird ein Wein beschrieben. Die beschriebenen Zettel kommen alle in einen Karton, dann werden sie einzeln gezogen und vorgelesen. Die Zuhörer sollen erraten, um welchen Wein es sich handelt. Es gibt weder Falsch noch Richtig! Sie werden überrascht sein, wie unterschiedlich dieselben Weine beschrieben werden können.

Wer mehr sagen möchte als «schmeckt mir», braucht die richtige Sprache, um diese Düfte in Worte zu fassen. Plaudern Sie los! Alles, was Sie im täglichen Leben riechen, wird ab jetzt laut ausgesprochen: «Honig, Gummi, Zitrone, Benzin, Kaffee, Gras …», und schon wird Ihre Sprachlosigkeit kleiner. Je genauer Sie etwas benennen können, umso besser erinnern Sie sich daran. Und weil Zukunft Vergangenheit braucht, sind Sie auf diese Erinnerungen angewiesen, um beim Wein das nächste Level zu erklimmen.

Weinmonolog

Wurde die Tischrunde durch einen Weinmonolog zum Verstummen gebracht? Unterbrechen Sie! Oder betonen Sie einfach, dass Ihnen eigentlich nur der Dosenprosecco von Paris Hilton schmeckt, dann lässt man Sie in Ruhe.

Wein-Tourette

Nenne ich diesen sprachlichen Totalausfall während einer Degustation, wenn einer schreit: «Scheisse!», «Kannst nicht saufen!», «Fuck, fährt der ein!», «Hammer!». Null Informationsgehalt, ausser über den Störer selbst. Bloss weil jemand laut ist, weiss er nicht besser Bescheid – lassen Sie sich nicht auf die Meinungsersatzbank schieben, Ihre Empfindungen sind ebenso wichtig.

Weinkommentar

Muss man immer etwas zum Wein sagen? Zum Glück nicht! Ein Freund gönnte sich mal an einer exklusiven Vernissage den Spass, zu sämtlichen Weinkommentaren am Buffet völlig sinnlose Gegenteile zu behaupten. Hörte er ein «Hm, ein Grad wärmer täte diesem

Rotwein gut», rief er: «Aber nein, dieser Wein ist schon viel zu warm!» Er wurde nicht etwa belächelt, er erntete Anerkennung für seine «Weinkompetenz» – die er weder hat noch sucht. Fazit: Laute «Weinexperten» sind vielleicht verkappte Komiker.

> Wein beschreiben ist wie Karaoke: Wer nur nachsingt, tönt kläglich.

«Aber er sagt doch gar nichts!», denkt die Winzerin, als alle im Weinkeller ernst nicken, während ein anstrengender Teilnehmer ihren Wein einer verbalen Autopsie unterzieht: «Distinkt, festumrissen, etwas mollig, stoffige Fülle, ausladender Nachhall, minzgeprägter Rosenholzduft, stahlig, fleischig und fest gewirkt mit rustikalem Abgang.» Bevor Sie sich jetzt wie eine Geschmackslegasthenikerin fühlen, möchte ich Ihre Gaumenfreiheit hochleben lassen! Was spricht denn am Anfang gegen «schmeckt mir»?

Was macht die Weine so unterschiedlich?

- Boden
- Traubensorte
- Klima und Wetter
- Jahrgang
- Können und Philosophie des Winzers/ Kellermeisters
- Ob Krankheiten wie Mehltau bekämpft werden müssen
- Zeitpunkt und Art der Lese und des Ausbaus, Ertragsmenge, Transport und Lagerung
- Art der Flaschenverschlüsse
- Wie und wozu der Wein serviert wird

Pantomimetrinken

Dieser stumme Moment bei einer Verkostung, wenn niemand am Tisch als Erster ein Urteil abgeben will, aber alle darauf warten. Erlösen Sie die Gruppe aus ihrer Starre mit einem neutralen Vergleich, indem Sie zum Beispiel an Bekannte denken: «Hat was Beständiges, wirkt lebendig, zeigt sich kühl, lässt etwas bitten, ist verhalten, dominant, auffällig, zögerlich ...» – das lockert die Zungen für weitere Meinungen.

Wir Menschen können eine Million unterschiedliche Aromen riechen.

Unser Riechvermögen sinkt bei niedrigen Temperaturen und trockener Luft. Auch spielt es eine Rolle, ob wir satt oder hungrig sind, gewisse Gerüche werden satt besser wahrgenommen.

Gruppendynamik

Wenn Menschen gemeinsam Weine verkosten, kann eine Gruppendynamik entstehen, deren sozialer Druck stärker wirkt als die eigene Meinung. Wer spricht zuerst, wer zuletzt, wer sitzt neben wem, wer blickt finster oder trägt schwarz? All das kann das Ergebnis beeinflussen und fast zufällig gilt dann ein Resultat als das «richtige» – aber Geschmack ist subjektiv. Es gibt keine objektive Weindegustation.

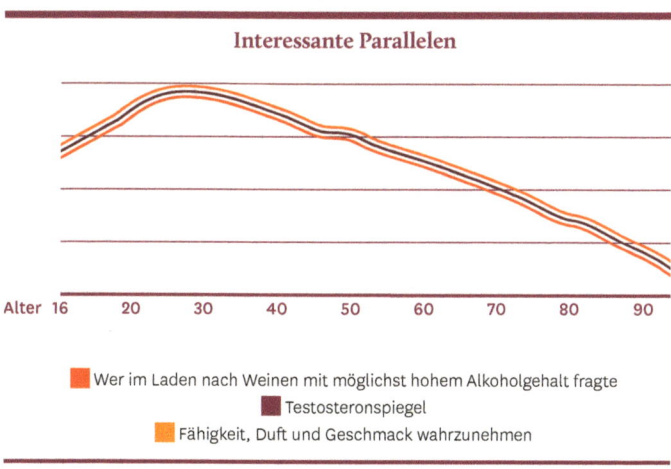

Interessante Parallelen

Alter 16   20   30   40   50   60   70   80   90

■ Wer im Laden nach Weinen mit möglichst hohem Alkoholgehalt fragte
■ Testosteronspiegel
■ Fähigkeit, Duft und Geschmack wahrzunehmen

Degustationsfallen

Beim Versuch, ein paar typische Fallen des Weindegustierens aufzuschreiben, half mir ganz unerwartet ein Erlebnis. Ich besuchte eine Weinhandlung, als die Kellermeisterin Sabrina Schach aus Deutschland ihre herrlichen Rieslinge und hochwertigen Schaumweine präsentierte. Frau Schach wurde von einem jungen Besucher in Beschlag genommen. Sie versuchte, ihm geduldig zu erklären, wie Schaumwein entsteht. Der Herr fiel ihr immer wieder ins Wort, um laut seine Empfindungen zum Sekt in seinem Glas kundzutun. Er ertränkte die Unterhaltung mit seinem Aufmerksamkeitsdefizit. Als er sich nicht so viel Gehör verschaffen konnte wie gewünscht, rief er plötzlich: «All Ihre Schaumweine riechen schlecht! Das müssen Sie ändern!» Das müssen Sie ändern! Imperativ! Ich konnte nicht anders, fragte ihn, welche Schaumweine er denn sonst gerne trinke? «Keine, ich mag keinen Schaumwein, aber ich habe schon Weine getrunken, die über 1000 Schweizer Franken gekostet haben!» Nun, das macht ihn ja dann eindeutig zum Experten.

Es ist besonders schwer zu schweigen,
wenn man nichts zu sagen hat.

Coco Chanel

Was hat dieser Herr nicht alles verpasst! Nichts von all den spannenden Ausführungen dieser jungen Kellermeisterin nahm er auf, weder ihre Begeisterung noch das grosse Fachwissen über **Schaumweine.** Er verpasste die Geschichte über eine Mitarbeiterin, die durch das Zerbersten einer Schaumweinflasche beim Degorgieren (Hefepfropfen wegspicken) trotz Schutzbrille mit blutendem Kopf dastand. Ihm entging die Schilderung, wie Frau Schach am Ton hört, wann die Kohlensäurebildung (die zweite Gärung) beim Schaumwein beendet ist – ohne ein Messgerät einsetzen zu müssen. Er überhörte ihre überaus heitere

Anekdote, wie sie auf WhatsApp ihre Follower anschrieb mit: «Neue Sekte für Sie!», was ihr unzählige Kommentare und Lacher einbrachte. Ich lernte, welcher Finger an welcher Hand bei Schaumweinproduzenten oft verletzt ist, wenn Schaumweinflaschen von Hand aus dem Eisbad genommen werden und – jetzt noch mit sechs Bar Druck – ab und zu bersten können.

Weinwissen lernt man auch vom Zuhören – nicht vom Dreinreden.

Von keinerlei Ahnung angeweht stand dieser Besucher da, eingehüllt in seine Aftershavewolke, hielt das Glas wie eine Bierdose oben am Trinkrand – und war laut. Nein, dafür hat diese Kellermeisterin bestimmt nicht Reise- und Übernachtungskosten auf sich genommen.

«déjà bu»-Karten

Degustieren? Kann jeder! Denken Sie

zum Beispiel an Salatsauce: Sie erkennen doch auch, ob Ihre Mutter, Ihre Grossmutter oder Ihr Mann sie gemacht hat. Können Sie unterscheiden zwischen Him- und Brombeere? Logisch. Sie haben ja beide schon probiert. Darum geht es beim Weintrinken: ums Probieren. Das einzige Risiko, das Sie dabei eingehen, ist, dass es Sie bereichert! Degustieren ist keine Prüfung, es geht nicht ums Gewinnen (→ Keine Angst ..., Seite 122, → Lust am Wein in 7 Phasen, Seite 124).

Testsieger!

Hätte auch ein anderer sein können, denn:

- Welche Weine sind gegeneinander angetreten?
- Wer hat getestet?
- In wessen Auftrag wurde getestet?

Im Freundeskreis wurde einmal Wein probiert. Als ein Tropfen an die Reihe kam, der etwas merkwürdig schmeckte, meint einer in der Runde: «Liebe Weinfreunde, ich glaube, jetzt ist positives Denken angesagt!»

Luigi Veronelli (1926–2004), italienischer Weinjournalist und Weinkritiker, begann Anfang der 1980er-Jahre den Barrique-Ausbau in seinen Benotungen zu favorisieren. Inzwischen ist vielen Weintrinkern der Geschmack nach Barrique etwas verleidet, Punkte hin oder her.

Lassen Sie sich täuschen

Jeder Schluck Wein beginnt mit einer Erwartung. Was erhoffe ich mir? Was habe ich bisher erlebt? Wurde mir von etwas abgeraten und war ich dann positiv überrascht? Waren meine Erwartungen durch Anpreisung oder Kosten übersteigert und ich dann enttäuscht? Stellen Sie sich vor, eine Ihnen unsympathische Person empfiehlt Ihnen einen Wein. Ohne es zu wollen, läuft dabei etwas Ähnliches ab, wie wenn Sie wunderbare Walderdbeeren entdecken, diese aber nicht pflücken, weil sie direkt neben dem Hundeheim stehen. Argwohn senkt die Erwartung.

Nocebo-Effekt

Der böse Zwilling des Placeboeffekts. Allein die Erwartung, einen schlechten Wein zu erhalten, kann dafür sorgen, ihn nicht zu mögen. Erwartungen können die Geschmackswahrnehmungen nachhaltig beeinflussen und messbare physiologische Reaktionen auslösen.

Emotionen, Vorlieben, Abneigungen, Erinnerungen, Erfahrungen oder allgemeines Befinden sind vom «Erwartungshormon» Dopamin beeinflusst. Als Beispiel erwähne ich hier meinen Besuch im Restaurant mit der «grössten, kuratierten Champagnerkarte Europas». Meine Erwartung war gross, die Ausführungen des Kellners blieben bei «fein», und das für J.E.D.E.N. einzelnen Champagner in seinem Eiskühler. Fein? Das genügt vielleicht in einem Alpenrösli, wenn die Gute dort ihren lauen Cava hochstreckt. Wenn sich aber Preise, Renommee und Auszeichnungen in stratosphärischen Höhen bewegen, dümpeln meine Erwartungen nicht im seichten Wort «fein». Da lobe ich mir doch diese Quartierbeiz, die jeden Monat ihren Wein des Monats wechselt, aber den Weinbeschrieb immer gleich lässt.

Ein guter Freund von mir nahm regelmässig dieselben Kopfschmerztabletten. Plötzlich stellte er fest, dass seine Kopfschmerzen bereits beim Auspacken dieser Tablette verschwanden. Herrlich, nicht?! Genau aus diesem Grunde empfehle ich Ferienheimkehrerinnen, nicht den Wein, sondern das Glas aus den Ferien mit nach Hause zu nehmen. Es enttäuscht weniger als die meisten **Ferienweine,** weil mehr Sinne angesprochen werden.

- Optik: wir sehen es
- Haptik: wir nehmen es in die Hand und spüren die Form
- Tastsinn: wie der Glasrand auf unsere Lippen trifft
- Ohren: wie wir den Klang beim Anstossen wahrnehmen

Damit lässt sich's leicht zurückträumen – schöne Ferien!

Ein Wein ist wie ein Mann. Entweder gefällt er dir auf den ersten Blick oder nicht. Aber seine wahren Qualitäten und Werte erkennt man erst, wenn man ihn etwas näher kennenlernt.

Victoria Pariente, Winzerin Spanien

Welches ist der beste Wein, den Sie in Erinnerung haben? Auf diese Frage antworteten eigentlich alle Befragten mit einem Erlebnis: Ferien, Heiratsantrag, Überraschung, Berggipfel erreicht ... Keine einzige Person erwähnte einen Degustationswein, denn: **Wein braucht Geschichte.** Jedes Mal, wenn wir etwas (kennen)lernen, werden in unserem Gehirn Synapsen vernetzt, besonders viele, wenn wir dabei starke Emotionen haben. Je mehr wir in einer Situation fühlen, umso stärker brennt sich die Erinnerung in unser Hirn.

Den perfekten Wein gibt es nicht
Die Winzerin Victoria Benavides aus Spanien
vergleicht den Wein mit einem Mann:
Einen perfekten Mann vergisst man irgendwann.
Einen mit Charme dagegen nie.

Der beste Wein wird immer der sein, auf den Sie gerade Lust haben. Ein Weinhändler erzählte mir vom «besten» Wein in seinen Ferien: Sichere Ankunft in Süditalien, erstes Nachtessen in der Pizzeria am Meer, die ganzen Ferien noch vor sich – DAS war der beste Wein – völlig egal was für ein Hauswein das war. Zu glauben, der meistverkaufte Wein sei der beste Wein, ist ein Bestätigungsirrtum. Ob wir etwas gut finden – egal ob Wein, Schuhe oder Autos –, hängt von unseren Erfahrungen, Erwartungen und Bedürfnissen ab.

Passte nicht ... Zwischen dem 20. und 40. Lebensjahr nehmen wir Gerüche am besten wahr, danach sinkt diese Fähigkeit kontinuierlich (→ Riechen in 7 Phasen, Seite 124). Ob wir Gerüche als angenehm oder unangenehm bewerten, ist subjektiv. Unsere Wertung entsteht aus jener Situation, in der wir dem Duft erstmals begegnet sind. In einer Degustation in meinem Laden war der letzte Weisswein ein *Gewürztraminer* mit seinem typischen Duft nach Rosen. Fast angewidert zuckte ein Kunde zurück, als er mit der Nase zum Glas kam. «Rosen», erklärte er mir, «diesen Duft ertrage ich kaum. Im Kindergarten verlor ich einen Kameraden und stand an dessen Beerdigung direkt neben einem Trauerkranz aus Rosen. Seither ist für mich dieser Duft negativ belegt.» Genau aus solch bewussten oder unbewussten Erlebnissen setzen sich unsere Vorlieben und Abneigungen zusammen.

Wein ist keine Religion. Man muss beim Trinken nicht gleich in gottesdienstliche Andacht verfallen – aber auch nicht zum Hassprediger mutieren, wenn einem ein Wein mal nicht schmeckt.

Chardonnay suchte diese Kundin. Ein Exemplar aus dem Holzfass beschrieb ich ihr mit den typischen Noten von Toastbrot und Röstnuss. «Uiuiui, geht gar nicht!», sagte sie darauf. «Ich bin allergisch gegen Nüsse.» Tatsächlich glaube ich an den Placeboeffekt und kann mir vorstellen, dass bereits die Ankündigung eines Duftes eine allergische Reaktion auslösen kann. Wir wählten dann einen *Chardonnay* ohne Holzausbau aus.

«Diesen Wein kann ich nicht mehr kaufen.» Die Kundin erzählte von einem Streit, der an dem Abend ausgebrochen war, als sie diese Flasche geöffnet hatte. Wenn sie jetzt diese Etikette sehe, vergehe ihr grad die Lust darauf, so sehr erinnere sie dieser Wein an den Streit. Solche Beeinflussungen sind real, sie funktionieren auch im positiven Sinne.

Ihr Wein kann höchstens so gut sein
wie Ihre Gesellschaft bei Tisch!

Bio Bis zur Industrialisierung betrieben viele Land- und Weinbauern Mischkultur für die Selbstversorgung. Mit den Maschinen begann die Monokultur, und der Kunstdünger hielt Einzug als «Retter» der einseitig ausgelaugten Böden. Durch diese chemisch-technischen Möglichkeiten konnten Weingüter entstehen, die zwar einige hundert Hektar gross sind, aber trotzdem nur mit ein, zwei Dutzend Festangestellten bewirtschaftet werden können. Der teuerste Posten in der Weinbereitung ist der Mensch, wenn Sie nicht grad ein renommiertes Château im Bordeaux suchen oder sich für Rebland im Barolo-Gebiet interessieren.

Kleinstlebewesen im Boden bereiten die Nährstoffe zur Aufnahme für die Rebe vor. Sie dürfen sich das so vorstellen wie mit der Muttermilch: Steak, Ofenkartoffeln und Tiramisu müssen auch erst umgewandelt werden, damit sie vom Säugling aufgenommen werden können.

Im Boden der industrialisierten Landwirtschaft (in Extremfällen auch bekannt als «Zombie-Boden») ist ein Grossteil dieser Mikroorganismen tot, es muss gedüngt werden (→ Geschäftsmodell Düngung/Chemie, Seite 127).

Eine Nation, die ihren Boden zerstört, zerstört sich selbst.

Franklin D. Roosevelt

Degustationsstatistik

Jahrelang führte ich Buch über meine Degustationen mit Kunden. Egal ob meine Degustation aus 7, 10 oder 20 Flaschen bestand, ausschliesslich Weissweine betraf, Schaum- bis Süssweine enthielt oder allein einer Traubensorte gewidmet war.

Der erste Wein in einer Degustation war tatsächlich fast jedes Mal der Verlierer. Er wurde selten gekauft, geriet immer in Vergessenheit. Der Gaumen muss sich erst an den Wein gewöhnen, also quasi aviniert werden wie Gläser, die manchmal erst mit einem Schluck Wein von allem Fremden befreit werden.

Der fünfte Wein wurde in 75 Prozent der Degustationen als Liebling auserkoren. Das kann mit der Konzentration der Tester – was kann ich erfassen und einordnen? – zu tun haben, aber auch mit der Aufnahmefähigkeit und dem Ermüden des Gaumens.

Der letzte Wein war oft ganz oben in der Rangliste, egal ob dieser letzte Wein der schwerste Rotwein oder ein Dessertwein war. Wissen wir, dass der letzte seiner Art an der Reihe ist, hilft uns unser Gehirn mit einem Trick: Er fühlt sich automatisch besser an. Beim Weinverkosten erwartet man immer eine Steigerung und geht deshalb oft davon aus, dass der Letzte der Beste ist.

Wie kann ich mir Weinwissen aneignen?
Kaufen Sie einen Korkenzieher* und brauchen
Sie ihn!

Alexis Lichine

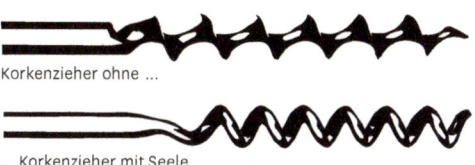

Korkenzieher ohne ...

... Korkenzieher mit Seele

*einen richtigen, mit Seele!

Wein und Geld

Die Entstehungskosten einer Flasche Wein erklärt Ihnen jede Winzerin gerne. Man geht von bis zu maximal 20 Schweizer Franken aus (ausgenommen Sonderverfahren wie Amarone oder Eiswein). Ab einem Ladenpreis von 50 Schweizer Franken kommen nebst Qualität auch Einflüsse zum Tragen, die nicht unbedingt im Gaumen spürbar sind. Zum Beispiel (Parker-)Punkte, Rarität oder Kultstatus. Dazu gehören Weine wie *Pingus* aus Spanien oder *Romanée-Conti* aus Frankreich. Aber auch die sogenannten Supertoskaner, wie der 1972 erstmals erschienene *Sassicaia 1968*, der nicht aus der heimischen Toskaner Traube *Sangiovese* gekeltert wurde (die hauptsächlich im *Chianti* zu finden ist), sondern aus *Cabernet Franc* und *Cabernet Sauvignon*. Grossartige Weine. Ihr hoher Preis kann zu übersteigerten Erwartungen führen, zumal der Entdeckungs- und Überraschungsmoment fehlt. Sie sind keine Geheimtipps mehr und können wie alles, was lange gehypt wurde, auch mal gebasht werden.

Das Dilemma der Kultweine: Je mehr davon verkauft werden, umso weniger exklusiv sind sie.

Je billiger ein Wein, desto grösser die Manipulation am Wein. Und am Kunden. Je aufwendiger die Arbeit im Rebberg, desto kostbarer der Wein. Industrielle **Billigweine** haben vor lauter Zusätzen gar keine eigenen Aromen, sie werden chemisch auf das einzige «Aroma Wein» gebracht. Ein guter Wein bietet mehr als ein Aroma, er ist ein Chamäleon im Glas, das Ihnen fortlaufend neue Facetten und Aromen zeigt. Billigstweine sind wie Dekobuchrücken: Obwohl sie täuschend echt aussehen, erzählen sie keine Geschichte.

Wein - Preise

Weisse	2 dl.	3 dl.	5 dl.
Irrsinnberg	1-40	2.	3.20
4nd en	1.30	1.90	3.00
Neuenburger	1.30	1.90	3.00
Rote			
Weichlinger	1.30	1.90	3.
Osterfinger	1.30	1.90	3.2
StäfenerClev	1.30	1 90	3-20
	1.30	1-90	
Onchtaler	1.20	1.70	2.80
Kaltersee	1.10	1.60	2.70
Eaujolais	1.		
Ventiler	1.40		
Div. Falscheweine			1223

Schon jetzt wird auf eBay in Deutschland alle 15 Sekunden eine Flasche Wein verkauft (aus einem Angebot von 47 000!). 2020 betrug dort der Durchschnittspreis einer gekauften Flasche 2.73 Euro, Tendenz sinkend. Es sind hilfsmittelintensive Weine, die zu Marken gemacht werden. Ihr infantiles Geschmacksbild macht Verbraucher glücklich, die weder Veränderungen noch Jahrgangsschwankungen wünschen.

Am anderen Ende der Preisskala liegt der Geltungskonsum*: Die Nachfrage steigt mit steigendem Preis. Attraktiv erscheint, was schwer zu bekommen ist und dem sozialen Status zu Ansehen verhilft. Der Reiz des Raren. Es sind imaginierte Werte, nicht (am Gaumen) spürbar.

Wie wird man reich mit Wein?

Indem man ein Vermögen investiert. Es soll Milliardäre geben, die erfahren haben, wie man mit Investitionen in Wein zum Millionär wird.

Wer im Restaurant beim Wein Geld sparen will, bestellt nicht glasweise – der Einzelglas-Preis entspricht in der Regel dem Einkaufspreis der ganzen Flasche. Es ist ein Irrglaube, mit dem zweitbilligsten Wein von der Karte das beste Geschäft zu machen. Auch sind die «meistverkauften Lieblingsweine» oft eher Umsatz-Schleudern denn Schnäppchen.

---

70 %

... aller Weine kosten weniger als 6 CHF

... der Weine werden 3 Stunden nach dem Kauf getrunken

... des Preises von Billigwein in Flaschen (unter 4 CHF pro Flasche) steckt in der Verpackung

---

* Beispiel mit fiktiven Zahlen: Jahresproduktion 100 000 Flaschen, Kaufpreis des Châteaus 100 Mio. Euro. Bei 5 % Fremdkapitalzinsen (bzw. Renditeerwartung) wären das 5 Mio. Euro/Jahr. Pro Flasche also 50 Euro zusätzlich zu den Entstehungskosten.

Verpackung

Ein Kunde kam mit einer leeren Weinflasche ins Geschäft und fragte: «Was halten Sie von dieser Flasche?» Ich nahm die fremde Flasche in die Hand, schätzte sie auf etwa 1,2 Kilogramm und lag weit daneben. Auf der Waage zeigte diese leere Rotweinflasche das Gewicht von 1420 Gramm – ein schlechter Witz, wenn man weiss, dass es heute ECO-Weinflaschen mit einem Gewicht von 397 Gramm gibt.

Wein im Karton ist ...

... gut für die Umwelt: 50 % weniger CO_2-Ausstoss als Flaschenweine, 85 % weniger nicht verwertbarer Abfall

... gut für die Winzer: Massiv weniger Verpackungsmaterial, billigere Verpackung, weniger Arbeit

... gut für die Importeure: bis 66 % tiefere Zollbelastung, keine vorgezogenen Altglasentsorgungsgebühren, halbierte Transport- und Lagerkosten (900 statt 450 l/Palette)

... gut für die Kunden: gleichbleibende Qualität vom ersten bis zum letzten Glas, bis 3 Monate angebrochen haltbar, massiv weniger Schwefel für die Stabilisierung, garantiert keine Korkfehler, kein Gewichtschleppen, kein Altglas, 50 % günstiger als der gleiche Wein in der Flasche

---

Weinbeutel im Karton – **Bag in Box** (BiB) sind zwei bis drei Monate nach der ersten Öffnung problemlos geniessbar. Durch den integrierten Zapfhahn wird der Wein vor Sauerstoffkontakt bewahrt, ein Oxidationsprozess wird vermieden.

Längst gibt es Winzer, die ihre (Bio-)Weine nicht allein in Glas-, sondern auch in PET-Flaschen, BiB oder Weintaschen abfüllen. Das gab mir im Laden die Möglichkeit, im blinden Vergleich zu zeigen, dass BiB-Weine sehr wohl getrunken werden können, auch wenn oft (ohne zu probieren) das Gegenteil behauptet wird. Natürlich sind das weder Lager- noch Statusweine, trotzdem gibt es Gelegenheiten, wo ihr Einsatz Sinn macht: Single-Dasein, Party im Freien, Alphütten, Camping, Segelboote ... Kaum jemand weiss in der Schweiz mehr darüber als das 1993 gegründete «Châteaux Carton».

Wein verstehen durch Lesen ist wie Bücher verstehen durch Kauen.

Kritik und Bewertung Jean-Marie Guffens

bekam als junger Winzer 1982 für die Weine seines erst dritten Jahrgangs eine sehr gute Kritik von Robert Parker: «Dieser verrückte Belgier macht einen *Mâcon* so gut wie ein *Puligny-Montrachet* und einen *Pouilly-Fuissé* so gut wie ein Grand-Cru von der Côte d'Or.» Darauf schrieb **Guffens** an Parker: «Ich habe gesehen, was Sie über meine Weine geschrieben haben und ich bin sehr beunruhigt. Warum möchte ein Schriftsteller schreiben wie Victor Hugo oder ein Maler malen wie Picasso? Ich mache Guffen-Wein im Mâconnais und möchte mit niemandem verglichen werden, denn jedermann, der im Leben etwas Grossartiges machen will, muss originär bleiben.»

Als Guffens' Fax zu rattern begann, weil sein Wein 97 Parker-Punkte erreichte, beantwortete er die Kaufanfragen aus der ganzen Welt mit: «Ihr Interesse an unseren Weinen ehrt uns, aber alles, was wir über Sie wissen, ist, dass Sie englisch lesen und auf hundert zählen können.» Trotzdem war er in zwei Wochen ausverkauft.

Böse Zungen behaupten, **Weinprämierungen** seien Bilder mit Blindtext. Beschreibungen von Wein sind auch deshalb schwierig, weil sich die Weine ständig verändern. In der Tat haben Weinkritiker geholfen, die Weinwelt zu verändern. Wenn eine Testperson bis zu 400 (!) Weine pro Anlass testet, muss ein Wein üppig, fett und laut sein, um überhaupt noch wahrgenommen zu werden. So wurden immer mehr «Weine der Ungeduld» gekeltert: Schnell erfasst und so wenig Entwicklungspotenzial wie Instantkaffee.

Auf der Strecke blieben in diesem Punktewettbewerb oft die subtilen Weine, die im Verlauf eines Abends ihre unzähligen Nuancen auffächern, die Sie überraschen und unterhalten und oft besser werden.

Wein ist nicht dazu da, um Medaillen zu gewinnen.

Estelle Dauré, Winzerin aus Frankreich

Parker-Punkte (PP) bezeichnen die Ergebnisse der Weinbewertungen durch den wohl einflussreichsten Weintester der Welt, den US-amerikanischen Weinkritiker Robert Parker. Die Punkte entsprechen dem amerikanischen Schulnotensystem, das zwischen 50 und 100 Punkte vergibt. Auch wenn Parker seit 2019 Rentner ist, leben seine Punkte fort. In den 1990er-Jahren gab es eine Anhäufung kalifornischer 100-Punkte-Weine. Einige Kellereien hatten für den Verkauf dieser Weine eine Warteliste für die Warteliste. Aber warum sollen wir alle denselben 100-Punkte-Wein mögen, wo wir doch so gar nicht über dasselbe lachen und so unterschiedliche Medikamente nehmen?

Inzwischen erhalten auch belanglose Gewächse unter 10 Euro über 90 Punkte. Sie dürfen das vergleichen mit «Literaturkritik für Beipackzettel». Es gibt Discounter, die stellen für die Benotung ihrer Weine eigene Weinkritiker an. Derart gekaufte Punkte erinnern an gekaufte Dissertationen.

Viele hochbewertete Weine sind solo top, als Essensbegleiter vielleicht ein Flop – oder umgekehrt. Deshalb gibt es Weinliebhaber, die in ihren Bewertungen zusätzlich differenzieren:

- Gefällt mir der Wein?
  50–100 Punkte
- Wie lässt er sich kombinieren mit Essen?
  A (perfekt)–F (grässlich)
- Beispiel: 92 E = Ein Wein, der für sich allein besser schmeckt als mit Essen

Wir wurden zu Bewertungssklaven. Einerseits soll alles und jedes bewertet werden, vom Sockenkauf bis zur Bankberatung, andererseits müssen sich immer mehr Angestellte bewerten lassen, wie der Herr von der Versicherung uns erklärte: «Auf der Skala von 1 bis 10 führt alles unter 9 zu Sanktionen.» Lächerlich.

Weinprämierungen sind wie Misswahlen.
Die Besten bleiben zu Hause.

Michael Broadbent

Gaumenfreiheit

Mit dem Essen spielt man nicht, aber mit den Möglichkeiten. Mutig die Nase über den Glasrand strecken, ausprobieren und weinmässig «einmal um den Block»! Sie dürfen alles ausprobieren:

- Eiswürfel in den Rosé
- Süss oder «sauer» gespritzter Weisswein
- Farbenblind werden beim Wein, dafür Fett, Salz und Säure mal neu dazu kombinieren (Rosé zu Cordon bleu mit einem Spritzer Zitrone, Weisswein zum Steak, Rotwein zum Fisch). Nicht das Nahrungsmittel bestimmt die Weinkombination, sondern die Zubereitungsart.
- Ist der Wein zu verschlossen? Rein in die 1,5-Liter-PET-Flasche, schütteln und testen, ob er mit mehr Sauerstoff besser schmeckt (Hyper-Dekantieren)
- Schauen, wie die Flasche Weisswein schmeckt, die ein halbes Jahr im Kühlschrank war – verglichen mit demselben Wein, der nur eine Stunde gekühlt wurde
- Testen Sie einen Rotwein aus der Champagner-Flûte – und merken, welche Rolle Luft und Nase beim Weintrinken spielen
- Milchschokolade mit Meersalz zu gereiftem *Riesling*? Her damit!
- Ein ganzes Essen ausschliesslich mit Schaumwein? Refill, bitte!
- PIWI-Weine (pilzwiderstandsfähig), Pet-Nat (Pétillant Naturel, natürlich sprudelnd), Orange Wines (dunklerer Weisswein, meist etwas trüb), alkoholfreier Wein – durchtesten zum Mitreden

Was könnte das Schlimmste sein, das Ihnen beim Weintrinken passiert? Dass Sie nicht genug ausprobiert haben!

Sommeliers und Sommelièren

Der Begriff Sommelier/Sommelière (Weinkellner:in) ist nicht geschützt. Es gibt auch Käse-, Bier- und Wassersommeliers: Eine bestimmte Ware und das Fachwissen dazu werden an den Kunden herangetragen.

Bête de somme

Der Name Sommelier/Sommelière kommt vom französischen Wort für Lasttier.

Eine gute Sommelière ist in der Lage, Stimmungen, Bedürfnisse und Machtverhältnisse am Tisch zu spüren. Sie haben dafür jahrelang trainiert und sich ein enzyklopädisches Wissen angeeignet. Was findet der Sommelier auf seiner eigenen Weinkarte besonders spannend, warum? Niemand wird Ihnen extra teuren Wein empfehlen, man freut sich, Ihnen unkonventionelle Gewächse zu zeigen. Holen Sie als Gast so viel Informationen aus den Sommeliers raus, wie Sie nur können!

Eine der wichtigsten Fähigkeiten, die ein Sommelier mitbringen muss, ist: Geschichten erzählen. Von Newcomern, Quereinsteigern und Generationskonflikten, Freundschaften und Zufällen. Man probiert, und mit der Geschichte im Kopf und der Erklärung dessen, was man da gerade schmeckt (Holz, Leder, Veilchen oder was auch immer), trinkt man am Ende einen Wein, den man zu Hause vielleicht wegschütten würde. Sommeliers bedauern oft, dass Menschen so sklavisch einem Trend nacheifern. Es gibt mehr zu entdecken als *Sauvignon Blanc* aus Neuseeland. In den USA gibt es den Sommelier Paul Grieco, der in seinen Weinkursen den Menschen das Versprechen abringen möchte, nie zweimal denselben Wein zu trinken.

In der Gastronomie erlebe ich oft Personal, das noch nie die eigenen Weine verkosten durfte, geschweige denn, mit spannenden Informationen über Winzer, Herkunft oder Eigenheiten die Gäste überraschen könnte. Schade, besonders wenn man bedenkt, dass der Weinabsatz oft einen Teil der Küche subventioniert.

Der fünfte bringt stumm Wein herein – das wird der Weinreinbringer sein.

Strophe aus einem Gedicht von Robert Gernhardt

Ein Kunde erzählte mir eine Geschichte, die sich in einem Schweizer Restaurant zugetragen hat. Er beobachtete im Speisesaal ein junges neureiches Paar, welches die Servicedame mit immer neuen Einwänden herumkommandierte. Einmal gefiel die Weinetikette nicht, dann der Name des Weins, ein andermal passte das Glas nicht, dann wiederum war die Temperatur des Weins unpassend, bis die Gute im Service nicht mehr weiterwusste. Da fiel ihr ein, sie könnte Hilfe holen. Sie sagte also zu diesem Paar am Tisch: «Ich könnte auch den Sommelier holen.» Da fragte der Mann seine Angebetete: «Was meinst du, Schatz?» Ihre Antwort: «Meinetwegen, aber nur einen Halben!»

Amüsante Reklamationen

Der Champagner war zu perlend.

Das Eis war zu kalt.

Das *Prosecco*-Glas war nicht gleich
wie die anderen Gläser.

Die Glasform war nicht gut für Instagram.

Weintester

Wie kann ich Weintester werden? Verständlicherweise scheint es eine verlockende Tätigkeit, von Weinbeurteilungen leben zu können. In Wirklichkeit gibt es nur sehr wenige Menschen, die davon leben können. Auch als professioneller Weintester werden Sie getestet. In einer Blindverkostung können Weine wiederholt vorkommen. Benoten Sie diese sehr unterschiedlich, sind Sie raus und Ihre Bewertungen für die ganze Verkostung werden nicht verwendet – schlechte Tage gibt es in jedem Beruf.

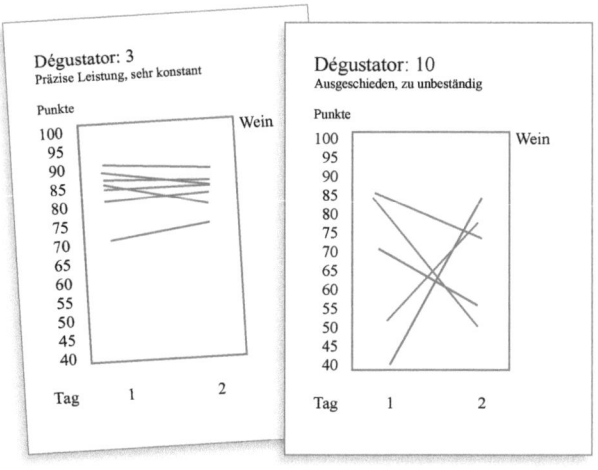

Test für Tester

Deine Etiketten

«Ach, du jetzt wieder, mit deinen Etiketten!» Dieser oft gehörte Satz in meinem Laden wurde meistens an Frauen gerichtet und war abwertend gedacht. Er hat in Wahrheit keine Berechtigung, die Etikette wird gern unterschätzt. Als visuelles Aushängeschild geht sie weit über die Deklaration des Produktes hinaus. Eine Weinetikette ist oft ein kleines Kunstwerk, ein Statement und Teil des Weingenusses. Das Weingut macht damit eine Aussage über sich, seine Kompetenz, Philosophie oder Haltung. Gleichzeitig wird mit der Etikette um die gewünschte Käuferschicht geworben, sie ist also Information und Selektion zugleich.

Etliche Weingüter verpassen ihren Etiketten einen Sicherheitscode zur Prävention von **Fälschungen.** Zu den meistgefälschten Etiketten gehören die Weine der Weingüter *Pétrus* und *Lafleur* im Bordeaux. Ob Nummerierung, Hologramme, Chip oder Laser-System, hundertprozentigen Schutz gibt es nicht. Auch ist unklar, ob diese Schutzvorkehrungen in 40, 50 Jahren noch decodiert werden können.

Stolz kündeten zwei Damen eine Herausforderung für mich an. Sie waren durchaus bereit, eine Flasche Rotwein zu erstehen, wenn ich selbige mittels Gebastel in ein Putzfrauchen verwandle, mit Abwaschbürste, Putzlappenschürze und Stahlschwamm-Frisur ... Ein anderes adrettes Paar wäre ebenfalls gewillt gewesen, von meinem Wein zu kaufen, allerdings nur unter der Bedingung, dass ich aus ihrem Handyfoto Etiketten drucke und damit die Flaschen beklebe.

Mir graute jedes Mal vor diesen Bastelattacken. Sie sind peinlich. Es ist gesetzlich nicht gestattet, alkoholische Getränke ohne Original-Identifikation zu verkaufen, nur der Kunde ist frei, Flaschen zu verunstalten. Kein Winzer, Händler oder Weinkritiker käme auf die Idee, einen Wein unkenntlich zu machen. Man entwertet ihn damit, denn hinter solch «lustigen Aufmachungen» erwartet niemand guten Wein. Deshalb kauft man ihn am besten beim Anbieter mit vier Buchstaben, nicht im Fachhandel.

Lotto

Damit gewinnen Sie Einsicht statt Geld. Diese Losnummer definiert auf italienischen Weinetiketten die abgefüllte Teilmenge eines Weins.

Gäste empfangen

Egal ob man zu sich oder ins Restaurant einlädt – wichtig ist, das Ganze entspannt anzugehen. Alles andere verdirbt den Spass.

Keinen Wein zu mögen ist längst salonfähig. Wenn sich Gastgeber darüber aufregen, empfehle ich neue Freunde.

Nicht eingeladen zu werden, kann auch eine Form von Gastfreundschaft sein. Das wird Ihnen spätestens dann bewusst, wenn Ihr Tischnachbar erwähnt, dass er gerade seinen guten Freund Jean-Pierre vom Château XY gefragt hat, was er von der verlängerten Mazeration hält. Stellen Sie sich auf einen sehr, sehr langweiligen Abend ein oder nehmen Sie den Notausgang! Weinsnobs sind ungesellig.

Das Vorzeigen des Weinkellers zu Adorationszwecken hat den Charme eines «Wet-T-Shirt-Contests». Viele meiner Kundinnen haben sich da prächtig gelangweilt oder sehr lustig darüber gemacht. Es ist etwas aus der Mode, man will das so wenig, wie im Takt klatschen.

Weintrinken ist kein Wettbewerb. Bitte kein Testglas vor versammelter Menge. Niemand wird gerne vorgeführt.

Wichtiger als der Wein im Glas ist der Gast, der dahinter sitzt.

«Ups, ich hör grad einen Topf überkochen …» «Apropos …» oder «Das erinnert mich jetzt an …» sind gute Unterbrechungssätze für unerquickliche Gäste wie Angeber, Langweilerinnen, Egomanen, Besserwisserinnen und Jammerlappen …

Wein hat die (Auf-)Gabe, Menschen zusammen-, nicht, sie in Verlegenheit zu bringen!

Nur 7 % unserer Kommunikation besteht aus Worten. Die Körpersprache übernimmt 70 % und der Tonfall 23 % – da fällt uns doch der Gesprächseinstieg gleich viel leichter?!

Partygeflüster

«Amüsieren» heisst das Zauberwort jeder Party.
Betretenes Schweigen gehört nicht dazu.

Unerfreulich	Erfreulich
1. Religion	1. Was ich einmal probieren möchte ...
2. Wer wie viel isst	2. Lustigste Weihnachtserinnerung
3. Politik	3. Lieblingsrezepte
4. Familienskandale	4. Ferienüberraschung
5. Wie schlecht das Essen ist	5. Das hat mich positiv überrascht
6. All deine Unverträglichkeiten	6. Köstlicher Irrtum
7. Krankheiten	7. Super Film/Ausstellung
8. Löhne	8. Das Buch las ich in einer Nacht
9. Kindererziehung	9. Meine Fettnäpfchensammlung
10. Hast du jemanden kennengelernt?	10. Dieser Trick vereinfacht mein Leben
11. Wann dürfen wir mit Nachwuchs rechnen?	11. Da wollte ich schon lange mitmachen/helfen
12. Trinkst du nicht zu viel?	12. Beste Erfindung seit Langem
13. Hast du zugenommen?	13. Wenn du ein Wein wärst, welcher möchtest du sein?
14. Tratsch über Nicht-Anwesende	14. Neues Restaurant entdeckt

Für die Party rechnen Sie pro Person
1 dl Flüssigkeit pro Halbstunde – Wasser, Saft,
Wein und Kaffee eingerechnet.

Mein buntes Weinkurspublikum

Es sind diese liebenswerten Aussenseiter und Individualistinnen, die mir aus den Weinkursen besonders in Erinnerung blieben. Schräg, lustig, erstaunlich ...

Ein **Baby an Mutters Brust** – es wollte den Wein nur riechen, nicht verkosten.

Hunde. Aus Platzmangel wurden sie zum Hürdenlauf für alle.

Das **Fummelpärchen**, welches uns total vergass.

Der Herr, der gleichzeitig **Fussball** auf seinem Handy schaute.

Die junge Kundin, die sich über mangelnde **Softgetränke** beschwerte, weil sie keinen Wein mochte.

Eine Frau, die erstmals mit Wein in Berührung kam und **enttäuscht** war, dass sie nach diesem einen Abend nicht jeden Wein in Traube, Land und Jahrgang werde einordnen können.

Eine recht schrille Damengruppe, die sich als **Junggesellinnenabschied** entpuppte und den Kurs zum Vorheizen für den restlichen, eigentlichen Abend gedacht hatte.

Ein Teilnehmer, der sich überreden liess, sein **Auto stehen zu lassen.**

Businessfrauen, die befanden, wenn sie als Gruppe erschienen, müsste nicht jede bezahlen.

Lehrerweiterbildung – es war der einzige Weinkurs, bei dem die Teilnehmer kein einziges Wort wechselten und keine einzige Frage stellten.

Torta quattro quarti

Eddas frische Torta quattro quarti (Gleichschwerteig)
zum Cappuccino!

Für eine Form von ca. 25 cm Durchmesser

200 g	Zucker
4	Eier
	Zucker und Eier schaumig schlagen
200 g	Butter
	Unterrühren
200 g	Mehl
1 KL	Backpulver
1 Pr.	Salz
	Alles mischen, in ausgefetteter Tortenform
	35 Minuten bei 180 °C backen

Gute Tage, schlechte Tage

Ich fand es immer interessant, wie leicht all die herrlichen Erlebnisse torpediert werden konnten – und das erst noch mit lächerlichen Kleinigkeiten:

Gute Tage	Schlechte Tage
Neuer Wein pünktlich, korrekt und ganz angekommen	Falschlieferung
Gutscheine verkauft	Retouren «nicht unser Geschmack»
Begeisterte Echos erhalten	Handleserinbesuch
Viel Beratung, viele Aha-Momente	Sammler für «gute Zwecke»
Kunde kommt mit Einkaufsliste «was gefallen hat»	Hobbykünstler wollen ihre Kunst hier verkaufen lassen
Flaschen für private Degu verkauft	Telefonische Belästigung für «Geldanlagen»
Lustige Weinanekdote gehört	Rechnung mit EZ und Couvert verlangen für 9.50 CHF
Guter Wechselkurs bei der Überweisung an den italienischen Winzer	Defekte Lieferung
Offerte für Firmengeschenke zusammenstellen	Falschparker mit Ausdauer
Das Schaufenster hat Lacher ausgelöst	Nur Flyer auflegen
Eine Kundin besuchte den Laden auf Empfehlung ihres Mannes	Bitte nur Verpackung, den Wein haben wir schon

Gute Worte, schlechte Worte

**Selbstverständlich macht jeder Verkauf Freude!
Trotzdem gibt es Verkaufsgespräche, die einen schalen
Nachgeschmack hinterlassen.**

Gute Worte	Schlechte Worte
Ich möchte eine Beratung.	*Wir unterstützen Sie gerne.* (Wirkt irgendwer oder -was hilfe- bedürftig?)
Der Wein hat super gepasst.	
Der Beschenkte freute sich total.	*Wir möchten Sie jetzt mal berücksichtigen.* (Man kann auch spenden.)
Hat meiner Frau sehr gefallen.	
Ich hätte gerne zwei Kisten Grundnahrungsmittel.	*Wir verkaufen selber auch Wein. Nicht zum Davon-Leben, wir haben noch richtige Berufe.*
Gibts den nur in 6er-Kartons, keine 12er?	(Wäh, ich möchte keinen richtigen Beruf.)
Finden wir ein tolles Preis- Genuss-Verhältnis.	*Unser Anlass mit 60 Personen war ein Erfolg! Es blieb eine Flasche Wein übrig, können wir die zurückgeben?*
Ich brauche eine Schluckimpfung.	(Ist Ihnen Ihr Ruf denn gar nichts wert?!)
Ich habe ein Budget von YX und darf ein Geschenk kaufen.	*Es springt mich nichts an.* (Zum Glück!)
Brauche etwas zu Wildschaden.	
Ich freue mich auf was Neues.	
Unsere Zungen brauchen Ausgang. Zeigen Sie uns paar Aussenseiter.	
Ihr Geschäft ist unsere Heilquelle.	
Sie haben unseren Geschmack «verdorben».	
Die Schwiegereltern kommen für paar Tage – bitte etwas vom Anästhesieregal.	

Kundenfragen

Hie und da war ich im Laden unsicher, ob die mir gestellte Frage nicht vielleicht eine Scherz- oder Testfrage war.

Oh! Weinhändlerin, dann sind Sie immer betrunken?
Nein. Dieses Geschäftsmodell ist veraltet.

Haben Sie die alle schon mal getrunken?
Wenn eine Weinhändlerin ihre Weine noch nie getrunken hat, sind Mitleid und Argwohn angebracht.

Was ist Ihr Lieblingswein?
Wann? Wozu? Mit wem? Wo?

Was ist wertvoller: Rot- oder Weisswein?
Welche Musik ist besser: Dur oder Moll?

Wie viele Punkte hat der Wein? Ich möchte sicher sein, dass ich ihn mag.
Ich mag Sie auch.

Holen Sie den Wein mit Ihrem Auto selber?
Nein. Der Wein wird palettweise (ca. 500 Flaschen/Palett) importiert. Mit Transportfirmen, die lizenziert sind für Alkoholtransport.

Können Sie mir eine Garantie geben, dass meine Gäste diesen Wein mögen?
Aber sicher! Dazu brauche ich nur die Liste der Gäste mit Alter, Vorlieben, Medikamentenplan, Kleiderstil, Musikgeschmack und die Bestätigung, dass Sie eine wunderbare Gastgeberin sind, die Freude am Kochen hat. Nein, diese Garantien gibt es noch nicht, aber im Zeitalter von Geling-garantie bei Partnerinstituten könnte das ein Geschäft werden.

Was kann ich tun, damit mir ein überalterter Wein, den ich im Keller vergessen habe, trotzdem noch prima schmeckt?
Ja, was könnten wir tun, wenn der Blumenstrauss verblüht ist, wir ihn aber gerne wieder frisch und knospend in der Vase hätten? Wenn ein Wein seinen Zenit überschritten hat, gibt es keine Schönheitschirurgie. Trennen Sie sich von ihm.

Haben Sie keinen Teureren?

Eine Kundin suchte Wein für ein Nachtessen. Ihr Mann hatte seinen Chef mit Gattin eingeladen. Zu ihrem beschriebenen Menu hatte ich einen Wein, der nicht passender hätte sein können – ein Traumpaar auf dem Esstisch! Leider wählte sie dann zur Sicherheit einen teureren Wein aus, halb so passend, dafür doppelt so teuer. Jetzt, wo der Ablasshandel der Kirche nachgelassen hat, wird er in den Weinhandlungen eingefordert: Geld gegen Sicherheit – zulasten von Geschmack und Geselligkeit. Wein soll Freude bereiten und nicht als Versicherung abgeschlossen werden.

Warum mag ich den billigen Wein lieber als den teuren?

Erinnern Sie sich an das Kinderlied *Alle meine Entlein*? Der perfekte Einstieg in die Musik, aber irgendwann will man mehr. Mehr Töne, Varianten und Stile, man hört sich durch und entwickelt seine Musikvorlieben. Dasselbe beim Wein: Billiger Wein hat wenig Zwischentöne, Tiefe, Erzählkraft – irgendwann wird er Ihnen langweilig, und Sie wenden sich Weinen von «richtigen Eltern» zu, die mit Namen und Stolz hinter ihrem Produkt stehen. Übrigens: Zurück (zu eindimensional) geht niemand.

Was ist ein guter Wein?

Objektiv betrachtet ist ein fehlerfreier Wein ein guter Wein. Leider bedeutet die Abwesenheit von Fehlern nicht die Präsenz von Qualität. Gut ist nicht zu verwechseln mit persönlichen Vorlieben. Manche behaupten, nur ein geöffneter Wein sei ein guter Wein. Und in Fachkreisen ist man überzeugt, dass ein guter Wein immer ein wenig Dreck unter den Fingernägeln hat. Sicher ist: Bei einem guten Wein hat man Lust auf den nächsten Schluck!

Wie weiss ich vor dem Öffnen, ob ein Wein noch gut ist?

Testen, ohne die Flasche zu öffnen, ist mit Coravin möglich: Eine dünne Nadel durchdringt den Naturkorken. Der Wein fliesst durch die Nadel in das Glas und die Flasche kann weiterhin gelagert werden.

Öchsle

Ein kastriertes Rind oder was? Nun, das ist nicht ganz akkurat. Der Öchslegrad bezeichnet den Zuckergehalt im Traubenmost. Ein Grad Öchsle bedeutet, dass ein Liter Most um 1 Gramm schwerer ist als 1 Liter Wasser.

Crostata di mele
Die Apfeltorte von déjà bu ...

In jedem Weinkurs war der letzte Wein ein Süsswein wie
Spätlese, Eiswein oder Sauternes. Dazu gab es – frisch aus
dem Ofen, noch lauwarm – ein Stück Apfeltorte.

Für eine Form von ca. 25 cm Durchmesser

Boden

100 g	Butter, weich
2	Eier
100 g	Zucker
1 KL	Backpulver
200 g	Mehl

*Zu einem weichen Teig rühren und unten
in die Tortenform (mit Blechreinpapier) geben.
Von Hand andrücken und kleinen Rand
formen.*

Füllung

100 g	Butter, weich
100 g	Zucker
3	Eier

schaumig rühren

800 g	Äpfel

*schälen, raffeln, mit Eimasse mischen und
über den Teigboden verteilen. In ausgefetteter
Tortenform 60 Minuten bei 180 °C backen*

Tipp: Wenn man etwas fade Äpfel erwischt, kann
die Füllung mit ein wenig Vanillezucker oder Zitronen-
rinde aufgepeppt werden.

Rechnungsbeispiel Familienbetrieb

Auch für extrem teure Kultweine kann die Herstellung einer Flasche Wein nicht mehr als 20 Euro betragen, selbst wenn der Endpreis im vierstelligen Bereich liegt. Fast «teuer» wirken am anderen Ende die 99-Cent-Weine. Vermeintlich billig, erhält der Kunde für diesen knappen Euro einen Zehn-Cent-Wein.

Beispiel 6,5-Hektar-Familienbetrieb in Deutschland, ohne Festangestellte
Der durchschnittliche Verkaufspreis ihrer Weine beträgt 10 Euro:
- Personalkosten
- Maschinen, Geräte
- Pflanzenschutz, Treibstoff
- Land, Zins, Amortisation
- Wartungskosten, Verschleiss, Reparaturen
- Flaschen, Etiketten, Verschlüsse
- Vermarktung
- Lagerung, Transport
- Versicherungen

Total Entstehungskosten 9 €
Gewinn 1 €

Um davon leben zu können und die Kosten zu decken, ist ein Umsatz von 1000 Euro pro Tag nötig. Das erreicht diese Familie mit zusätzlichen Ferienwohnungen.

Was spielt noch mit:
- Bodenpreise (Land)
- Rebberg: steil oder flach?
- Pflege: chemisch oder von Hand?
- Lesekosten (maschinell: 80–200 CHF pro Hektar; von Hand: 600–1200 CHF pro Hektar)
- Lesemenge
- Pressmenge (60–90 %)
- Ausbau (im Fass: 2–4 % «Anteil der Engel» Verlust/Jahr)
- Barrique-Ausbau (bis 4 CHF pro Flasche)

Lesemaschine gegen Handarbeit: 1 Erntemaschine arbeitet so viel wie 60 Personen

Weinwörter USA

Viele Wörter, die ich in Büchern weder gesucht
noch gefunden hätte, lernte ich in Degustationen und
«Wine Shops» kennen und verstehen.

Wino Alkoholiker, entstanden während der Prohibition, als etliche
unglückliche Seelen versuchten, mit allen möglichen alkoholhaltigen
Flüssigkeiten den Pegel hochzuhalten.

Taste Buds Geschmacksknospen, von lat. taxare = auswerten, handhaben,
letztes Endes von lat. tangere = berühren. Wir ertasten den Wein mit
der Zunge.

1 Acre Ursprünglich die Fläche, die 1 Mann mit dem Ochsen an einem Tag
bewirtschaften konnte: 4047 m² (knapp ½ Fussballfeld).

Kork-Blocker Gäste, die ihrer Begleitung den Wein ausreden.

Booze Wenig schmeichelhaft, kann übersetzt werden
mit Gesöff oder Plörre.

Rhône Rangers Eine Winzergruppierung, die in den 1980er-Jahren
in Kalifornien entstand. Sie begannen ihre Weine nach dem Vorbild
der französischen Region Rhône zu produzieren und steigerten damit
in Kalifornien den Anbau von Traubensorten wie *Syrah* (rot) oder
Viognier (weiss). Als einige der *Syrah*-Weine etwas gar fett und hoch-
prozentig gerieten, sprach man von den «Testoste-Rhône Rangers».

Wine Product Im Gegensatz zum Wein wird dieses zusammengemischt
aus eingekochtem Traubenmost unterster Qualität (meistens aus Zweit-
pressungen), verdünnt, aromatisiert, gezuckert, gefärbt. Dieser «Wein-
ersatz» (6 Vol.-%) darf in Geschäften ohne Alkohollizenz verkauft werden,
die Deklaration «Wein» beginnt bei 8,5 Vol.-% .

4 V Vintage, vintner, vineyard, and varietal – Jahrgang, Erzeuger, Herkunft,
Rebsorte

Donut Wine So wird der Rotwein *Cabernet Sauvignon* oft genannt, weil
er intensive Aromen mit langem Nachhall hat, sich aber in der Mitte
des Gaumens schwach zeigt, als wäre da ein Loch wie bei einem Donut.
Wird der *Cabernet Sauvignon* etwa mit *Merlot* kombiniert, füllt der *Merlot*
mit seiner fleischigen Art genau diese Leerstelle auf der Zunge und
bewirkt damit ein runderes, volleres Mundgefühl.

Und als Supplement zwei Aussprachebeispiele:
Sommelier: *suhm-uhl-yey*
Chianti: *Key-Aunt-Tea*

Unterbrechungstipps
für Weinmonologe

Egal was Sie im Glas haben, mit folgenden Bemerkungen bringen Sie jeden Weinmissionar zum Luftholen:

- *Hätte etwas länger auf der Hefe sein dürfen.*
- *Die Farbe ist aber untypisch für diese Region.*
- *Schwache Komplexität.*
- *Ich rieche Petrichor**
- *Wow! Oh wow!*
- *Hat Potenzial.*
- *Wirkt sehr komplex.*
- *Oh! Der überrascht mich jetzt aber!*
- *Schöne Textur.*

«Ja, ja, sehr interessant …

HABEN SIE ZUFÄLLIG

M E I N

G L A S

gesehen?»

www.dejabu.ch

*mineralischer Geruch von Regen auf trockene Erde/Stein

Weintypen

Mit der Zeit wuchsen sie mir alle ans Herz! Ob laut oder stumm, es braucht diese «Cuvée» von Weintypen – für ein vollmundiges Weinerlebnis und damit wir was zu erzählen haben.

Wein-Guru eskortiert gerne einen kuratierten Wein zum Mund

Wein-Hipster betreibt sein Zungen-Cardio mit sehr soliden (gerne Orangen-)Säften

Stellvertreter-Trinkerinnen «... sagt mein Mann»

Formel-1-Trinker trinkt zur vermeintlichen Selbstaufwertung

Wein-Connaisseur wartet leider immer mit sehr viel Meinung auf

Wein-Echolot mit ihnen lässt sich herrlich ironisch trinken

Wein-Snob immer auf der Jagd nach flüssigen Elitepartnern

Degustations-Goethe schwurbelschwurbel

Freiheitspichler unbehelligt von jeglichem Wissen, wollen sie recht haben, nicht geniessen

Terroiristen mit naturbelassenem Charme streiten sie über die «besseren» Flussufer aller Wein-Länder

Weinflüsterer selten erkenntnisfördernd, manchmal als Störgeräusch empfunden

Zitier-Mafia als soziale Deko rezitieren sie auswendiggelernte Weinbeschriebe

Wein-Society kauft nur Weine, die sie als Kenner adelt

Weinerklärer wenn Sie nicht danach gefragt haben, ist gähnen erlaubt

Degustations-Simulantin will selber mehr wirken als der Wein

Promillionärin hat zu viel erwischt

Vinautor reich an Rhetorik, arm an Substanz

Weinversteher sie lieben Ihre Wein-Fragen, nutzen Sie das!

Weinleser auch wenn Theorie und Praxis oft auseinanderklaffen, ist das immerhin ein Anfang

Vinosapiens seit über 40 Jahren bestellen sie einmal jährlich 120 Flaschen von «ihrem» Wein. Das reicht und macht Freude

Wein-Poser trinken nie allein, dafür mit Getöse

Tarnkappensäufer öffnet eine Granate nach der anderen, begleitet von Lobhudelei

Forensische Trinker nippen zu Forschungszwecken

Samantha «sans dosage» sie ist Stimmungs-Botox für jede Weinrunde

Bildungstrinker er lauert auf Stichworte, um sein Geografie-, Biografie- oder Weinwissen loszuwerden

Sie und ich – wir sind hier nicht erwähnt, weil wir schlicht und einfach ein Gläslein zur Freude mit Freunden trinken.

Musikalische Weinsprache

Wer von Ihnen Musik spielt, ist fein raus, denn es gibt sehr viele Ausdrücke, die Ihre ersten Empfindungen zu einem Wein gut beschreiben:

Largo	breit, langsam	Amarone, Sforzato
Grave	schwer	dichte, satte, vollmundige Weine
Allegro	munter, fröhlich	Schaumweine, leichte Weissweine
Amabile	lieblich	Dessertweine und Weine mit etwas Restzucker
Espressivo	ausdrucksvoll	mit ausgeprägtem Eigenaroma wie Gewürztraminer
Giocoso	scherzhaft, spielerisch	PetNat (Pétillant Naturel), natürlich sprudelnde Weine
Leggero	locker, leicht	Asti, Moscato
Mosso	bewegt	Weine mit etwas Druck, das Gegenteil von ölig
Piano	leise	zarte, elegante Weine, die sich nach und nach öffnen
Pizzicato	gezupft	Wenn z. B. beim Lambruso Gerbstoffe und Kohlensäure aufeinandertreffen
Forte	laut, stark	viel Vol.-%, viel Farbe, viel Gerbstoff, z. B. ein Primitivo mit 17 Vol.-%
Semplice	einfach, schlicht	unkompliziert, aber fröhlich wie gekühlte, rote Tischweine
Vivace	lebhaft	alles, was schäumt und Sie nicht müde macht

Was Sie hören – was Sie denken

Es darf am Anfang einfach sein. Man muss zum Glück nicht immer etwas über Wein sagen, aber man darf über ihn nachdenken.

Sie hören	Sie denken
Flaschenreifung wird ihm guttun.	*Versuche, nicht alles diese Woche zu trinken.*
Verfügt über eine subtile Nase.	*Rieche nicht, trinke!*
Ein stabiler Wein.	*Diese langweilige Flasche wird nie leer.*
Verführerischer Nachgeschmack.	*Macht endlich die zweite Flasche auf!*
Sauber	*Schmeckt gut.*
Ehrlich	
Kraftvoll	
Lecker	
Geschmeidig	

Weinsprüche

Weinfachleute hören gewisse Sprüche wöchentlich. Wer da noch lacht, ist entweder taub oder sehr, sehr höflich. Deshalb freuen sich Weinmenschen über etwas frischere Sprüche.

Modrig

*Das Leben ist zu kurz,
um schlechten Wein zu trinken.*
(Der verbale Ladenhüter.)

*Weisswein macht
keine Rotweinflecken.*
(Echt jetzt?)

In vino veritas.
(Wie aus dem Wachsfiguren-
kabinett.)

*Ich trinke gerne ein gutes Glas
Wein.*
(Überraschend wie ein
Formaldehydpräparat.)

*Südtiroler machen jetzt auch
guten Wein.*
(Wo waren Sie in den letzten
20 Jahren?)

Wein, Weib & Gesang
(Wie exhumiert.)

*Wenn jeder Dessertwein
«so ein Frauenwein» ist.*
(Den «Kinderwein» kennen
wir ja aus Hallau. Aber wo bleibt
der «Männerwein»?)

*Trinken Sie am Schluss den
Spucknapf leer?*
(Der alte Spass für Tiefbegabte.)

Frisch

*Das Leben wird zu lang, wenn man
nur schlechten Wein trinkt!*

*Lieber eine Fleckenschere als
gar keinen Wein.*

In vino veritas – in aqua bacteria.

Sieh doppelt, wen du liebst!

Stimmungs-Botox!

In der Not hilft Rot!

*Man muss auch mal Wein sagen
können.*

*Bin ich da richtig – beim betreuten
Trinken?*

*Ich bin ein Weinkenner. Wenn
ich Wein trinke, merke ich sofort:
Ah, Wein!*

In vino felicitas.

Was du heute kannst entkorken …

*Alkohol: die flüssige Version
von Photoshop.*

Es ist nie Zu-Spätburgunder.

Verkaufsvokabular

Wo Wein verkauft wird, nimmt man die Sprache zu Hilfe. Ob Kunde oder Kundin, ihr Wunsch, wie sie wirken oder sein wollen, fliesst als Spiegelung in die Verkaufsgespräche. Hören Sie einfach mal unauffällig zu ...

Für Männer	Für Frauen
Stark, mächtig	Subtil
Voller Körper	Filigran
Dominant	Elegant
Präsent	Weich
Aussagekräftig	Geschmeidig
Gewinner	Vollmundig
Selbstbewusst	Anpassungsfähig
Setzt sich durch (Esskombi)	Unterstützend
Direkt	Frisch
Ausdauernd	Blumig
Gradlinig	Harmonisch
Erdig	Leicht
Komplex	Rund
Straff/stramm/kraftvoll	Samtig
	Anschmiegsam

Tasting quality protocol

Moderne Weinkellereien erreichen zuweilen eine Grösse, mit der es ohne innovatives Management und «Head of irgendwas» nicht mehr geht. Die Bedeutung ihrer Produkte unterstreichen solche Betriebe gerne mit «Degustations-Auflagen». Wer ihre Weine zeigen will, muss beeindruckende Vorgaben erfüllen, wie nachstehendes Beispiel aus Sizilien zeigt.

Tasting quality protocol

Please make sure to follow all the bullet points below when preparing a tasting with ████████████

1. **Glasses**: they must be Burgundy-style. They must be checked against bad smells, which sometimes happen when they have been put away for a long time in boxes or closed little environments (i.e. cupboards)
2. **Temperature**: wines will be served at different temperatures depending on the season.
   a. WINTER: red wines (18-20 degrees), white and rosé wines (8-12 degrees)
   b. SUMMER: red wines (16-18 degrees), white and rosé wines (8-12 degrees)
3. **Corks**: wines must be opened only in presence of a qualified person from Tenuta ████
4. **Serving order**: the order in which the wines will be served must be agreed beforehand with a Tenuta delle Terre Nere representative.
5. **Venue**: the venue must be adapt for tasting. No loud noises, or music, no invasive smells which could prevent a correct tasting of the wines.
6. **Masterclass/seminar**: if there are more than 3 wines on display, wines must be served before the masterclass/seminar starts.
7. **Type of event**: it must be discerned professional events from public events.
   a. **Professionals**: masterclass, seminar, tasting.
   b. **Public**: lunch or dinner.

If the above results in contrast with possible events, please get in touch with the Sales & Marketing manager:

Welches Glas?

«Ein Trinkgefäss, sobald es leer, macht keine rechte Freude mehr.» So einfach war das bei Wilhelm Busch und nicht viel komplizierter soll es für Sie sein: glasklar, dünnwandig, ohne Dekoration, dafür mit Stiel.

– Es soll sich für Sie gut anfühlen, einen Stiel haben, oben verengen und farblos sein.
– Wer sich auf ein Glas beschränkt, ist nicht weniger Weinexperte.
– Maschinell gefertigte Gläser sind kein Tabu.
– Ein gutes Weinglas muss kein Vermögen kosten.
– Ein Universalglas ist auch für Champagner, Sherry oder Süssweine geeignet.

IM ALTER BRAUCHT MAN GLÄSER

Hauswein

Sie suchen einen Hauswein? Hier paar Testmöglichkeiten für daheim mit Freunden:

1. JLF*-Test von Andreas März, Zeitschrift «Merum»: Flaschen abdecken (z. B. mit Papier oder Socken) und nummerieren. Vor dem Essen probieren die Teilnehmer jeden Wein und schenken sich dann selber nach, was ihnen schmeckt. Am Schluss werden die Weine enthüllt und gemessen, wie viel Wein in der Flasche blieb. Je leerer die Flasche, umso beliebter der Wein.
2. Schwarze Gläser. Sie werden staunen, wie schwer es sein kann, Rot- und Weisswein zu unterscheiden!
3. 10 Weine. Immer zwei Weine vergleichen, der weniger beliebte scheidet aus, der beliebtere misst sich mit dem nächsten Wein.
4. Für Pröbler kann es spannend sein, eine verdeckte Weinprobe mit denselben Rotweinen nach einem Monat zu wiederholen. Hier fünf Varianten für den zweiten Durchgang, welcher trotz gleichen Weinen und gleichen Testern ganz anders ausfallen wird:
    - in anderer Reihenfolge
    - mit anderer Musik
    - in anderem Licht (Kerze, Neon ...)
    - in anderen Gläsern
    - wärmer oder kühler serviert

---

*Je leerer die Flasche, desto besser der Wein.

Keine Angst ...

**Ein italienisches Sprichwort sagt: «Tutti i gusti sono giusti» –
jeder Geschmack ist richtig. Der schlechte Geschmack
ist sowieso wie Touristen: Es betrifft nur die anderen.**

... etwas zu verpassen. Zugegeben, in Geschäften mit
übergrossem Angebot kann uns die Angst packen, das Falsche
auszuwählen oder etwas zu verpassen. Diese Regalparanoia
gibt es auch beim Wein. Schade, wenn der Einkauf nicht
lustvolle, sondern lähmende Entscheidungen fordert. Gehen
Sie deshalb dahin, wo bereits eine Vorselektion getroffen
wurde. Der Weinhändler nimmt Ihnen die Qual der Wahl
ab – indem er die Spreu vom Weizen trennt.

... etwas falsch zu machen mit:
- falschem Wein
- falschem Weinglas
- falscher Weintemperatur
- falscher Esskombination
- falschen Wörtern

Das einzig «Falsche», das Sie machen könnten, ist: einen
feinen Wein mit unerfreulichen Menschen zu trinken!
Den ganzen Rest bestimmen Sie selbst und machen es beim
nächsten Mal anders, wenns Ihnen nicht schmeckt.

... vor Weinen mit sogenannt «ramponiertem» Ruf,
wie zum Beispiel:
- Lambrusco
- Beaujolais nouveau
- Rosé
- Kalterer
- Veltliner
- Valpolicella

Sie alle sind einmalige Vertreter ihrer Regionen. Unverwechselbare Kulturgüter mit langer Tradition, die viele Weininteressierte begeistern. Die Vorurteile gegen den Lambrusco sind eigentlich längst tot – trotzdem wird immer wieder Leichenschändung betrieben.

... vor unbekannten Traubensorten, wie zum Beispiel Nosiola (I), Resi (CH/Wallis), Susumaniello (I), Furmint (H), Bouchalès (F), Ruchè (I), Tauberschwarz (D). Unbekannt heisst nicht untauglich. Schätzungsweise 70 Prozent der weltweiten Weinproduktion wird aus gerade mal 30 unterschiedlichen Rebsorten gewonnen (bekannt sind etwa 10 000 Sorten, davon zugelassen für den Rebbau ca. 2500).

Ganz unterschiedliche Gründe führten zum Verschwinden alter Rebsorten:
- Moden, Geschmack
- Rebkrankheiten, Schädlinge
- Weinkritik, Presse (nicht die Trauben-Presse!)
- Umstellung auf maschinelles Arbeiten im Rebberg
- Klimawandel
- Rassen-Bewusstsein (Die nationalsozialistische «Reichsrebenzüchtung» wünschte die Weinberge «rein deutsch», «Bastard-Rebsorten» waren zu roden. Von 400 zugelassenen Rebsorten blieben 18 erlaubt, zum Glück waren nicht alle Winzer gehorsam.)

Lust am Wein in 7 Phasen

Viele Kundinnen durfte ich über 25 Jahre immer wieder
beraten und erlebte bei ihnen, wie auch bei mir selber,
wie sich Weinvorlieben alle paar Jahre verändern. Es zeigte
sich eine Art von Abfolge in 7 Phasen:

1. Süsswein
2. Fruchtige Weine
3. Voluminöse, dunkle Weine
4. Elegante Weine
5. Schaumweine
6. Naturweine
7. Keine Weine

Letzteres sah ich bei vielen Kunden, welche entweder durch
Medikamente, Verlust des Partners oder des Geschmackes
die Freude am Weintrinken verloren. Einige Kunden starteten
auch wieder bei der Vorliebe für «Süsswein».

Der Wein und das Auge

«Wenn der Flaschenboden keine ordentliche Wölbung aufweist, kaufe ich einen Wein nicht, sie schmecken mir nicht!» Obwohl sich mit diesem Kunden vortrefflich streiten liesse (weil es keinen Beleg für seine Behauptung gibt), bringt das nichts. Seine Augen melden ihm schon vor dem Öffnen der Flasche: «Achtung, schlechte Qualität», und sein Geschmack folgt seinen Augen. Wir sind alle beeinflussbar.

Roter Weisswein
Prof. Brochet (Uni Bordeaux) testete seine Önologiestudenten mit einem Weiss- und einem Rotwein. Die Studenten beschrieben den Weisswein als frisch, blumig mit Pfirsich- und Honignoten, den Rotwein mit den Worten würzig, voll, mit Zedernholz- und Kirschennoten, obwohl es derselbe Weisswein war, rot eingefärbt. Das Auge überstimmte den Gaumen.

Dunkel und hell
Coco Krumme (Mathematikerin UC Berkeley) fand einen Zusammenhang zwischen dem Weinpreis und Weinbeschreibungen. Teure Weine, schreibt sie, werden eher mit «dunklen» Attributen wie intensiv, samtig oder rauchig versehen. Auch werden bei ihnen mehr einzelne Aromen wie Tabak oder Schokolade genannt als nur fruchtig oder sauber wie beim billigeren Wein. Generell erhalten teurere Weine mehr Adjektive in ihrer Beschreibung als billigere Weine. Wer hätte gedacht, dass sogar die Farbe des Notizpapiers die Empfindungen bei Weindegustationen beeinflussen kann? Ihre Tests ergaben, dass die Notizen zu denselben Weinen sehr unterschiedlich ausfielen, je nachdem, ob die Empfindungen auf rötlichem Papier mit Obstabbildungen oder auf grünlichem Papier mit Blätterhintergrund festgehalten wurden:

– Rötliches Papier   marmeladig, beerig, saftig, Zwetschge, Kirsche …
– Grünliches Papier Laub, Gras, Erde, Pilze, Holz, Heu …

Wein & Flasche
In einem anderen Test wurde ein mittlerer Bordeaux in zwei verschiedenen Flaschen gereicht, einmal etikettiert als Grand Cru Bordeaux, einmal etikettiert als billiger Tafelwein. Die Tester umschrieben den «Grand Cru Bordeaux» als dunkle Frucht, Holznote, komplex und rund, den «Tafelwein» mit kurz, dünn und fehlerhaft. Die Erwartung überstimmte die Empfindung.

Im Kontext

Etwas «im Griff haben» – wir mögen dieses Gefühl, weil es uns Sicherheit vermittelt. Wir möchten uns immer auf die eigenen Sinne verlassen können und doch gibt es spannende Einflüsse, die unsere Wahrnehmung täuschen.

Wein im Flugzeug
- Während des Fluges sinkt die Fähigkeit, süss und salzig zu schmecken, um etwa 30 %. Aber auch der Geräuschpegel spielt eine wichtige Rolle, Lärm schränkt die Geschmacksempfindungen ein. Weine, die wir zu Hause mögen, sind uns während eines Fluges vielleicht zu geschmacklos.
- Die trockene Luft im Flugzeug lässt die Gerbstoffe deutlicher erscheinen, so kann ein *Cabernet Sauvignon* brutal herb wirken, während ein *Pinot Noir* im Flugzeug vielleicht mehr Trinkgenuss bietet.

Wein & Musik
- **Kaufhausbeschallung im Hintergrund:** Mit deutscher Schlager- und Marschmusik werden mehr deutsche Weine verkauft, mit französischen Chansons hingegen mehr französische Weine. (Quelle: North, Hargreaves & McKendrick, 1997)
- **Im Restaurant:** Mehrere Gruppen wurden in ein Restaurant eingeladen, zu identischem Essen und Wein, immer in denselben Saal. Eine Hälfte der Gruppen hörte im Hintergrund Schlagermusik, die andere Hälfte klassische Musik. Am Schluss wurden die Testpersonen gefragt, wie sie den Preis des getrunkenen Weins einschätzten. Mit klassischer Musik wurden die Weinpreise generell höher eingeschätzt. (Quelle: Areni & Kim, 1993)
- **Einfluss der Musik auf unser Geschmacksempfinden:** In verschiedenen Räumen mit unterschiedlicher Musik tranken 250 Testpersonen ein Glas gleichen Weins. Ihre anschliessenden Weinbeschriebe glichen dabei oft dem Stil der Musik, die sie beim Trinken hörten. So wurde derselbe Wein als «mächtig und schwer», «subtil und raffiniert», «sanft und zart» oder als «spritzig und erfrischend» beschrieben. (Quelle: The Effect of Background Music on the Taste of Wine, Dr Adrian C. North)
- **Zu Hause ausprobieren:** Ruhige «Softmusik» lässt Weine weicher erscheinen, zu Jazz wird Wein als aggressiver, kantiger empfunden.

Geschäftsmodell Düngung/Chemie

Das Geschäft mit dem Dünger ist nicht nur beneidenswert effizient, es ist auch ein Geschäft mit der Angst. Heute erhält der Winzer den «Befehl» zur Ausbringung des Düngers auf sein Mobiltelefon (früher per Jahreskatalog). «Wetterbericht für Blinde», nannte das eine Bio-Winzerin.

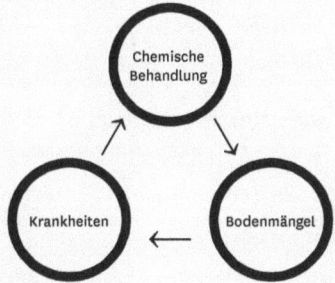

Damit beginnt eines der brillantesten Geschäftsmodelle (jedenfalls für die Chemie):

Chemische Behandlung (Düngung) → **Bodenmängel** (Boden fällt aus dem Gleichgewicht) → **Krankheiten** verbreiten sich → Und dann beginnt es von vorne und geht ohne Ende weiter

Billigwein braucht Chemie

Wenn ein Wein 2.50 CHF kostet, muss man sich fragen: Wer zahlt den Rest, resp. die Folgen von Stickstoff-, Nitratbelastung im Grundwasser, Bodenverdichtung, Humusverlust? Ein gesunder Boden kann zudem Wasser besser aufnehmen und speichern, was immer wichtiger wird.

Behauptungen und Vorurteile

Im Laden hörte ich immer wieder Behauptungen und Vorurteile. Hier die häufigsten:

Nur «trocken» ist gute Weinqualität.
Zum Glück nicht. «Trocken» tönt vielleicht besser als «halbtrocken», «halbseiden», «halbgar» oder «halbstark». Probieren Sie trotzdem mal bei einem Winzer in Österreich oder Deutschland die Vielfalt der unterschiedlich trockenen *Rieslinge* – Sie werden überrascht sein!

Familienbetriebe sind besser als Grosskonzerne.
E. & J. Gallo (USA), das grösste Weingut in Familienbesitz, füllt pro Jahr ca. 900 Mio. Flaschen ab.

Auf kleinen Winzerbetrieben wird sorgfältiger gearbeitet als auf grossen Weingütern.
Es gibt auch beratungsresistente Kleinbetriebe, die unsauber arbeiten.

Wenn ich die Zeit auf meiner Armbanduhr durch das gefüllte Glas Rotwein lesen kann, ist der Wein zu dünn und nichts wert.
Behalten Sie diese Weisheit besser für sich, wenn Sie im Burgund oder im Piemont sind. Weder *Pinot-Noir-* noch *Nebbiolo*-Trauben verfügen über viel Farbe, sind aber grossartige Klassiker. Eine Blindverkostung mit schwarzen Gläsern hilft gegen Vorurteile.

Der Prosecco «brut» ist uns zu süss, wir wollen «extra dry».
Es ist umgekehrt, der «extra dry» ist lieblicher.

Valpolicella? Das ist doch dieser Kochwein!
Aus dem mentalen Freilichtmuseum direkt in die Weinhandlung. Interessanterweise wurde mir das immer wieder von Kunden gesagt, die selber gar keinen Wein trinken, bei mir aber Geschenke kauften. Vom Hörensagen aus den 60er-Jahren schämen sie sich ganz vergebens für diesen Wein aus dem Veneto. Er hat dank seiner tiefen Säure viele Anhänger. Übrigens ist das keine Traubensorte, sondern kommt von «val» (Tal), «poli» (viele) und «cella» (Keller). Dank idealer Witterung betrieben bereits die Römer dort Weinbau und nannten es das «Tal der vielen Keller». Und wenn ich Sie jetzt noch nicht dafür begeistern konnte: Dieser Wein besteht aus denselben Trauben wie sein beliebter Bruder, der *Amarone*.

Der italienische Jahrgang XY war schlecht.

Die Verallgemeinerung noch schlechter. Ob Brixen oder Bozen macht klimatisch bereits einen grossen Unterschied. Geschweige denn ein Vergleich von Brixen und Palermo. Ort, Lage und sogar Parzelle machen beim geografischen Produkt «Wein» den Unterschied. Einen «italienischen Jahrgang» gibt es so wenig, wie es DEN Schweizer gibt.

Von Weinen mit mehr als einer Traubensorte kriege ich Kopfweh.

Wenn das so ist, dürfen Sie nie *Amarone, Bordeaux* oder *Champagner* trinken. Auch ist die Angabe «sortenrein», «reinsortig» oder «rebsortenrein» genau genommen oft nur eine marketingtechnisch genutzte Aussage (weinrechtlich darf in der EU schon dann eine einzige und namensgebende Rebsorte auf dem Etikett angegeben werden, wenn diese mindestens 85 % Anteil im Wein hat, die restlichen 15 % können aus beliebigen weiteren Rebsorten bestehen. In der restlichen Welt ist diese Regelung noch grosszügiger, so sind es in den USA und Australien nur mindestens 75 % der angegebenen Rebsorte. Man ist auf das Wort des Winzers und seine Ehrlichkeit angewiesen).

Ich vertrage keinen Wein mit Schwefel.

Dann empfehle ich Ihnen, auch keinen Brokkoli oder Blumenkohl zu essen, die enthalten mehr Schwefel als Wein. Obwohl es ungeschwefelten Wein gibt, gibt es keinen Wein ganz ohne Schwefel – auch keine Bio-Weine –, weil Schwefel ein Nebenprodukt der Vergärung ist. Schwefeldioxid (SO_2) wird zugesetzt gegen Oxidation, Bakterien oder wilde Hefen. Aus über fünfzig zugelassenen Zusatzstoffen unterliegt aber der Schwefel (ab 10 mg) seit 2005 als Einziger der Kennzeichnungspflicht auf der Weinetikette. In der Regel ist es der Alkohol, der die Kopfschmerzen verursacht, nicht der Schwefel. Gin und Wodka enthalten keinen Schwefel, können aber trotzdem Kopfschmerzen (Kater) verursachen. «Meine Weine mit Drehverschluss bekommen in der Regel 20 Milligramm Schwefel vor der Füllung. Das ist alles. Beim Kork muss man schon mindestens das Doppelte nehmen, um zu einem ähnlichen Ergebnis zu kommen», sagt Winzer Gottfried Lamprecht aus Österreich.

Schwefelanteile im Vergleich

Rotwein   ca. 100 mg/l (max. 160 mg/l erlaubt)
Blumenkohl   ca. 530 mg/kg
Dörrfrüchte bis 2000 mg/kg

Korken werden wieder zu Korken.
Nein, sie werden verwendet für Baumaterial, Dämmung, Schuhsohlen ...
Eigentlich zu allem ausser Korkzapfen.

Je schwerer die Flasche, umso wertvoller der Wein.
Das ist falsch, unnötig und vom Umweltgedanken her unsinnig.
Andreas März, Zeitschrift «Merum», begründete die Notwendigkeit
von schweren Flaschen mit «Importanza» (Wichtigkeit) – ein Schelm,
wer «Impotenza» las ... «In einer modernen Glashütte braucht es für
die Produktion einer Glasflasche 2 Kilowattstunden Energie, was
2 Deziliter Heizöl entspricht», lautet die Auskunft der Weinkellerei
Riem, Daepp & Co. AG.

Zapfen-Goût am Kunststoffstopfen?
Das war eine heisse Geschichte, ich fiel fast vom Glauben! Tatsächlich
roch dieser Weisswein aus dem Piemont deutlich nach Korkenfehler,
obwohl er mit Kunststoffstopfen im Handel war. Auf Anfrage
beim Winzer stellte sich heraus, dass ähnliche Klagen eingingen.
Die Nachforschungen ergaben, dass diese Silikonstopfen zusammen
mit echten Korken transportiert wurden. So sprang der Korken-
Goût auf den Kunststoff über. Dumm gelaufen, wird seither getrennt
befördert.

Cuvée – das ist doch dieses gepanschte Zeug?!
Jedes Mal wunderte ich mich, warum solche Aussagen so laut daher-
kamen, als wittere man Betrug. Eine Cuvée (oder Assemblage) ist weder
«zusammengeschüttet» noch Resteverwertung. Es ist die Kunst, Gutes
in Kombinationen noch besser hervorzuheben, durch Zusammenfügen
von Trauben, Rebbergen oder Jahrgängen (Champagner). Cuvée kommt
von franz. «Cuve» für Gärbehälter.

Auf wen unsichere Weintrinkende hören:

30 %	Ranghöhere
30 %	die Lautesten
30 %	(Einfluss-)Reiche
9 %	Punkte
1 %	sich selber

Weinverkostung leichtgemacht

«Ich möchte nie im Restaurant den Wein verkosten, das ist mir peinlich!» Das hörte ich oft in den Weinkursen. Ja, es entsteht immer eine seltsame Stille am Tisch, wenn alle Augen auf einen gerichtet sind. Aber entspannen Sie sich – es ist viel einfacher, als uns ein paar Showschlürfer weismachen wollen:

1. Sie kontrollieren, ob der gezeigte Wein auch der bestellte ist.
2. Sie heben das Glas mit dem Probeschluck zuerst ohne zu schwenken und schauen, ob der Wein klar ist, ohne Schlieren oder Korkstückchen und die Farbe wie erwartet.
3. Für den Probeschluck wird das Glas geschwenkt, damit der Wein möglichst viele Aromen freigibt. Ob Sie das Glas abgestellt auf dem Tisch schwenken oder in der Luft, ist egal, und wenn Ihnen das Schwenken nicht so recht aus dem Handgelenk kommt, lassen Sie es einfach und üben das zu Hause erst noch ein wenig mit Wasser im Glas.
4. Riechen, Schluck nehmen, und wenn der Wein weder nach Essig, nassem Hund noch nach Nagellackentferner schmeckt, bestehen grosse Chancen, dass er korrekt ist.
5. Bei Unsicherheit ruhig eine zweite Meinung einholen von Ihren Freunden oder vom Servicepersonal.

Wein und Essen

**Für jede Empfehlung gibt es eine Gegenempfehlung!
Vergessen Sie alles, was Sie je zur Kombination
von Essen und Wein gehört haben. Es gilt nur eine Regel:
Es muss Ihnen schmecken!**

Soll der Wein oder das Essen der Star sein?

Wenn ein besonderer Wein gezeigt werden will, ist das Essen zweit-
rangig. Soll hingegen ein tolles Rezept vorgeführt werden, wird ein
weniger pompöser Wein dazu kombiniert. Es gibt auch den Swiss Way:
neutraler Weg, beides gleich wichtig.

Welchen Wein empfehlen Sie mir zu Birchermüesli?

Diese Verzweiflungsfrage kam von einem Kunden, dessen Frau es nicht
gerne sah, wenn ihr Mann ein Gläslein kippte, weshalb es oft Bircher-
müesli zum Nachtessen gab. Leider kann ich keine Empfehlung abgeben,
denn vergorene und unvergorene Früchte vertragen sich schlecht.
Aus diesem Grund ist auch der Fruchtsalat kein ideales Dessert, wenn
Dessertwein ausgeschenkt wird.

Apéro- und Dessertgebäck

Sparsam umgehen mit Backpulver im Gebäck! Es hinterlässt auf Gaumen
und Zähnen einen rauen Belag, der die Weine stumpfer und aggressiver
erscheinen lässt, als sie wirklich sind.

Dessert

Champagner und *Prosecco* sind nicht die idealen Begleiter zur Hochzeits-
torte am Schluss. Besser passen Asti oder Moscato, denn ein Dessertwein
soll mindestens so süss sein wie die Süssspeise, sonst wirkt er kurz und
spröde.

Brathähnchen

Es gibt drei sichere Wege, immer den richtigen Wein zu wählen.
Leider kennt sie keiner. Trotzdem sei hier ein heimlicher Garant
empfohlen: Brathähnchen – der Stützstrumpf aller Weinkombis –
eines der paarungsfreudigsten Gerichte, zu jedem Weinstil!

Geheimwaffe Sellerie

Köche und Sommelièren sind sich einig: Sellerie lässt die Weine im best-
möglichen Licht dastehen. Er kann Tannine geschmeidig wirken lassen,
holt überraschende Fruchtaromen aus einem Wein und ist sogar in
der Lage, Frische in oxidative Weine zu bringen. Ob als Suppe, Püree,
gedünstet oder gebacken – Sie werden begeistert sein!

Überalterter Weisswein

Hat jeder mal im Keller. Geben Sie ihm eine Chance zu sehr reifem
Käse – es könnte Freude machen!

Feinde des Weins

Vermeiden Sie so gut wie möglich: Ketchup, Essiggemüse, Spinat,
Artischocken, Fenchel, Baumnüsse, extreme Schärfe, frische Trauben,
Kiwi, Ananas, Obstsalat mit Likör, Eiscreme, Backpulver.

Wasser mit oder ohne?

Kohlensäurefreies Wasser ist gut zu trockenen Weinen, denn Kohlensäure und die Säure im Wein beissen sich. Auch ideal zu sehr tannin-
haltigen Rotweinen, weil die Kohlensäure den bitter-pelzigen Geschmack
verstärken kann. Leicht kohlensäurehaltiges Wasser kann gereifte
Weine auffrischen. Viel Kohlensäure vertragen nur Süssweine.

Wein ist der intellektuelle Teil eines Essens.

Alexandre Dumas

Sommelièren und Sommeliers

Was diese Berufsgattung antreibt, ist die Kunst des Weintrinkens und eine grosse Neugierde. Es macht sie glücklich, ihre Gäste mit Wein auf eine Reise zu schicken und «den Globus für sie immer neu anzustupsen». Schade, wenn all das Wissen und die tollen Geschichten auf taube (Gäste-)Ohren stossen.

Standardfragen der Gäste

Wie komme ich zu so einem Job wie Sie?!
Die Kurzantwort lautet: Sie müssen sehr viel trinken und sich an ALLES erinnern.

Standardantworten von Sommelièren, wenn Gäste die Beratung verweigern und «seltsame» Weine bestellen:

Wird zurzeit gerne getrunken
Besteht aus den Traubensorten (aufzählen)
Ein herrlicher Passepartout, sehr zeitlos
Perfekte Trinkreife
Hat sich noch nie jemand beschwert darüber
Ihre Wahl wird Sie erfreuen
Tolles Preis-Genuss-Verhältnis
Ein angenehmer Wein

Welcher ist der beste Wein auf der Welt?

Was selbst Sommelièren nicht beantworten konnten:

Ich bin Sternzeichen Löwe, welchen Wein empfehlen Sie mir dazu?

Achtjährig? Wenn dieser Wein so gut sein soll, warum hat ihn dann noch niemand bestellt?

Welches ist Ihr Lieblingswein?

Was können Sie uns empfehlen zu rotem Fleisch, Paracetamol und Ibuprofen?

Die Geschichte

Von der Amphore zum Tetrapack

7000 v. Chr. Funde vergorener Reste von Honig, Reis und Früchten in China

4100 v. Chr. Ältester Weinkeller in Armenien gefunden

1500–300 v. Chr. Phönizier verbreiteten die *Vitis Vinifera* im Mittelmeerraum

500 v. Chr. Noah pflanzt nach der Sintflut den ersten Rebberg

70 v. Chr. Plinius der Ältere schreibt *In Vino veritas* in *Naturalis Historia*

20 Jesus verwandelt Wasser in Wein
Die Römer verbreiteten den Rebbau in Europa

1000 *Château Goulaine* im Loire-Tal erbaut. Vielleicht das älteste noch operierende Weingut

1100 Schloss Johannisberg in Deutschland erbaut. 1525 im Bauernkrieg zerstört

1336 Zisterziensermönche ummauern den eigenen Rebberg *Clos de Vougeot* im Burgund

1400 Es ist weniger gefährlich, Wein zu trinken als Wasser

1500 Muskateller, Pinot Noir, Temperanillo und Riesling sind bekannt

1530 Portugiesen und Spanier bringen Reben nach Mexiko und Brasilien

1600 Madeira wird *Vinho da roda* genannt – Weine, die eine (Schiffs-)Rundreise machten

1650 Cabernet Sauvignon wird im Bordeaux geboren. Kreuzung: Sauvignon Blanc und Cabernet Franc

1659 Wein kommt nach Südafrika

1670 Erster Rebberg für *Château Lafite Rothschild* gepflanzt

1693 Dom Pérignon «erfindet» Champagner

1752 Portwein, Tokaji, Sherry, Sauternes und Madeira werden populär

1775 Im Schloss Johannisberg wird die erste Spätlese mit Edelfäule erwähnt

1830 Neue Flaschenform wird eingeführt

1836 Oechslewaage erfunden von Ferdinand Oechsle

1836 Wein kommt nach Neuseeland

1855 Bordeaux führt die Cru-Klassifikation ein

1857 Erste kommerzielle Weinkellerei in Kalifornien: *Buena Vista Winery*

1870 Die Reblaus zerstört 75 % der Rebberge in Frankreich

1889 In England wird der erste Drehverschluss patentiert

1892 Weingesetz Schweiz tritt in Kraft

1920–33 Prohibition in den USA

1953 Erste Amarone-Etikette

1964 *Bag in Box* erfunden

1970 Inbetriebnahme neuer Abfüllanlagen für Drehverschlüsse (CH/AU/NZ/USA)

1976 *Judgment of Paris* und erste Ausgabe vom *Wine Spectator*

1978 Robert Parker beginnt mit 100-Punkte-Bewertung

1983 Reblausbefall in Napa

1985 Glykolwein-Skandal in Österreich

2006 Eichenchips werden auch in Europa erlaubt

2008 Weinkritiker Robert Parker versichert seine Nase für 1 Million Dollar

2010 Eine Flasche 1869 *Lafite-Rothschild* wird für 230 000 Dollar verkauft

2016 Die milliardste «Weinstadt» wird in Yantai, China, eröffnet

2024 Das Buch von Ruth Schürch wird lanciert ;-)

Nicht ganz wörtlich nehmen

In Weingesprächen kann es sein, dass man gar klerikale oder (un)moralische Worte hört. Keine Bange, es ist meistens ganz harmlos:

Engel, Anteil der Wird ein Wein im Barrique (Eichenfass 250 l) ausgebaut, gehen jährlich 2–4 % Flüssigkeit durch Verdunstung verloren. Der Verlust wird laufend mit gleichem Wein aufgefüllt, damit möglichst wenig Luft im Fass ist, die zu Oxidation (Farb- und Geschmacksveränderung im Wein) führen kann.

Erziehung, die Reb- Pädagogisch wertlos, steuert man damit Wuchs und Bewirtschaftung der Weinrebe. Durch Schnitt und Anordnung der Triebe wird der Rebstock geformt und das Blattwerk aufgebaut.

Geschmack, der «gute Geschmack» Er will dauerhaft festlegen, wie wir etwas zu verstehen haben. Wie ein übel gelaunter Diktator stampft er humorlos durch unsere Köpfe und macht sich wichtig.

Katzenstreu Bentonit (Tonerde), die Hauptzutat von Katzenstreu, bindet die Trübstoffe im Wein und setzt sich mit ihnen am Fassboden ab, der Wein wird geklärt.

Kellerratte Weinmacher und Winzerinnen, die ihr ganzes Herzblut in den Wein stecken.

Leichenfledderei Wird benutzt, um anzudeuten, dass ein Wein zu spät getrunken wurde (→ Pädophilie).

Nackt, nackte Weine Natürliche, in der Regel Bioweine, entstanden als Gegenbewegung zu industrialisierten Weinen. Dazu gehören auch «Orange Wines» oder «Pétillant Naturel». Der Name «Naturwein» ist hingegen umstritten, weil er den Konkurrenten unterstellt, un-natürlichen Wein zu erzeugen, er ist weinrechtlich nicht zulässig. «Naked Wines» ist zudem ein Unternehmen (USA, UK, A), das den Wein ohne Zwischenhandel vom Winzer zum Verbraucher bringt.

Pädophilie Wird benutzt, um anzudeuten, dass ein Wein zu früh getrunken wurde (→ Leichenfledderei).

Pirat Ein Wein, der nicht in die Degustationsreihe passt. Beispiel: 6 *Pinot Noir* aus der Schweiz und ein *Pinot Noir* aus Neuseeland.

«The Swiss Way» Neutrale Esskombination – statt entweder den Wein oder das Essen hervorzuheben.

Trocken Da bei der alkoholischen Gärung der Zucker nie zu 100 Prozent in Alkohol umgewandelt wird, enthalten auch trockene Weine noch etwas Restzucker. Dieser kann zwar gegen null streben, doch laut offizieller Gesetzgebung im deutschsprachigen Raum darf ein trockener Stillwein bis zu 4 Gramm Zucker pro Liter enthalten.

Weinen, weinende Reben Wenn es im Frühjahr wärmer wird, weinen die Reben. Das Wasser wird von den Wurzeln bis zur Schnittstelle getrieben und kommt dort als Tropfen (Tränen) zum Vorschein.

Etiketten, -trinker:in Die Suche nach dem flüssigen Elitepartner. Menschen, die Weine nach Prestige, Name oder Preis kaufen.

Goethe, Degustationsgoethe Tolle Lyrik, nichts selber ausprobiert.

Weinrassist:in Ich trinke NUR oder NIE: (Bordeaux, Schweizer Wein, Wein mit über 15 Vol.-% …).

Papst, den Weinpapst geben Besserwisserisch, unangenehm und häufig spassbefreit.

Supertoskaner Sind in der Regel rote Kultweine aus der Toskana (oft aus dem Bolgheri-Gebiet), die meistens aus denselben Rebsorten gekeltert werden wie Bordeaux (*Cabernet Sauvignon, Merlot, Cabernet Franc, Petit Verdot*).

Drei Buchstaben/Zahlen

Wie bei Verträgen können auch in der Weinwelt die unscheinbar kleingedruckten Vermerke höchst spannend sein.

ABC Anything But *Chardonnay* – Alles ausser *Chardonnay*, der inzwischen aber wieder mehr gefragt ist

AOC Appellation d'Origine Contrôlée (F) – Kontrollierte Herkunftsbezeichnung

BAK Blutalkoholkonzentration (blöd, wenn Ihnen das der Polizist erklären muss)

Beh Italienische Kurzform von Zusammenfassung oder Resignation: «Beh, was soll man machen?», «Beh, so ist das halt»

BiB Bag in Box – (Wein)Verpackung «Beutel in Karton»

BSA Biologischer Säureabbau (vor allem beim Rotwein)

BTI Breath Taking Item – Atemberaubender Artikel. Brauche jeder Wineshop, wurde mir in San Francisco versichert

CO2 Sauerstoff kann der beste Freund von Wein sein (Duftstoffe hervorheben) – aber auch der ärgste Feind (bei altem Wein). «Es ist der Sauerstoff, der den Wein macht. Durch seinen Einfluss reift er. Er verändert Geschmack, Bukett und Farbe des Weines» (Louis Pasteur 1822–1895)

COS Color, Odor, Sapor – Prinzip der Weinverkostung: Farbe, Geruch, Geschmack

DOC Denominazione di Origine Controllata – Kontrollierte Herkunft (I)

DRC Domaine de la Romanée-Conti wird als berühmtestes Weingut in Burgund betrachtet

HWC Handle with care – Schwieriger Restaurantgast – Vermerk aus dem Reservationsbuch, USA

IGP Indicazione Geografica Protetta – Geschützte Herkunft (I)

IGT Indicazione Geografica Tipica – Typische Herkunft (I)

OAK Eiche (engl.). Steht auf dem Etikett nur «Oak», ohne Hinweis auf Barrel oder Barrique, reifte dieser Wein ziemlich sicher nicht im Eichenfass, sondern im Tank, dem Eichenchips beigegeben wurden

PPX Personne particulièrement extraordinaire – Gast, der sehr viel Geld für Wein ausgibt. Vermerk im Reservationsbuch teurer Restaurants in den USA

QMP Qualitätswein mit Prädikat (D)

SEC	Franz. trocken
SOL	Franz. Boden (Sie kennen Sous-Sol) oder spanisch für Sonne
TBA	Trockenbeerenauslese (Dessertwein)
TCA	Trichloranisol, Hauptverursacher für den Korkgeschmack
UHU	Weinfehler, Acetonnote wie beim UHU-Leim
USP	Unique Selling Proposition – «Womit, Frau Schürch, heben Sie sich von den Mitbewerbern ab?» Es waren die Detailkenntnisse über Produkt und Produzent
UTA	Untypischer Alterston (Fehler)
VID	Span. Weinstock
VPD	Verband Deutscher Prädikatsweingüter. Er kämpft schon über 100 Jahre gegen Industrialisierung und Manipulationen beim Wein.
WTF	Wine Time Finally – endlich Weinzeit (oder was haben Sie gedacht?!)
ZIN	Kurzform für die Traubensorte *Zinfandel* in den USA. Der SUV unter den Rotweinen, früher oft überdimensioniert, daher von Wein-Connaisseurs als Mahlzeit empfunden

---

950 Liter Wasser beträgt der globale Wasserverbrauch für 1 Flasche Wein.

Wenn Weine Menschen wären …

Die Frage «Welcher Wein möchtest du sein?» lockert jede Tischrunde auf. Zwar gibt es weder Falsch noch Richtig. Dennoch sagt die Antwort auf diese Frage viel Spannendes aus.

Amarone Enorm angesagt, üppig, weich und voluminös wie Silikon-implantate, spüren selbst ungeübte Gaumen mit noch pubertären Papillen, dass da «was ist». Das macht den Amarone einerseits bei denen sehr beliebt, die mir im Laden den Ausweis zeigen mussten, andererseits sind die Preise in der Regel so stattlich, dass Kenner sicher sind, diesen Wein zu mögen (!). Aus getrockneten Trauben hergestellt, darf man von einem Weinkonzentrat reden. Achtung: kein Diätwein! Mit 16 Vol.-% kommt so ein wollüstiger Deziliter auf satte 100 Kalorien.
Dörrobst, Zimt, Rumtopf, Lebkuchengewürz, Rosinen, Zigarren

Barolo Here comes the Boss … und der ist weder einfach noch gefällig! Der muskulöse Piemonteser ist kein Wein für jeden Anlass und lässt oft erst nach ein paar Tagen seine Grösse ahnen. Als eher unzugänglicher Wein ist er weniger geeignet für harmoniesüchtige Weintrinker – aber fürs Prestige ein sicherer Wert. Gekeltert aus der *Nebbiolo*-Traube, ist es ein mittelroter Wein, der durch die lange Holzfasslagerung häufig einen bräunlichen Rand bekommt. Jung sind seine feinen Aromen noch durch viele Gerbstoffe überdeckt. Barolo sollte deshalb unter Jugendschutz fallen.
Feige, Dörrpflaume, Teer, Lakritze, Tabak, Trüffel, Leder, Süssholz, Herbstlaub

Cabernet Sauvignon Rufname «Cab». Ein grosser *Cabernet* hat einfach alles: Kraft, Finesse, Eleganz, Alterungsfähigkeit und nicht zuletzt allgemeine Beliebtheit. Ursprünglich in Bordeaux zu Hause, ist die Traube von allen Rotweinsorten die am meisten herumgekommene in der Welt. Auch «Donut-Sorte» genannt, weil sie am Gaumen in der Mitte ein Loch lässt, wird sie gerne mit *Merlot* verschnitten, der genau diesen Bereich ausfüllt. Sie mag kräftige Speisen und Fleischgerichte, besonders Rind.
Kirsche, Kaffee, Schokolade, Speck, schwarzer Pfeffer, Paprika

Chardonnay In einem Akt von «Unfriendly Takeover» breitete sich diese Traube aus Frankreich rund um den Globus aus. Chardonnay, das konnte selbst der letzte «potatohead» aus Idaho aussprechen. In Kalifornien gab es plötzlich *Chardonnay* bis zum Horizont. Schwer, breit und fett hatte er zwar wenig mit dem frischen Original – dem Chablis aus Frankreich – zu tun, verkaufte sich aber grossartig. Die Butter-, Bananennote der Weine aus dem heissen Wüstenklima ermüdeten inzwischen einige Liebhaber. Mit ihrem exzessiven Holzausbau gleichen sie sich wie hundert Kessler-Zwillinge, und deshalb gewinnt der *Chardonnay* aus Europa immer mehr Anhänger.

Aprikose, Honigmelone, Papaya, Toast, Vanille, Butter

Chianti Kaum wurde ihm das Basträckchen ausgezogen, vermehrten sich lustvoll Qualität und Anhänger. Aus der noblen Traube *Sangiovese* (mind. 80 %) gibt er sich stilvoll klassisch-italienisch, mit einer gewissen Strenge. Der typische Chianti ist voller Raffinesse, strotzt vor satten Aromen. Er wird mit fetten Speisen ebenso spielend fertig wie mit der Säure von Tomaten(sauce). Ihn verstehen zu wollen, ist hingegen wie Algebra: Es gibt jede Menge Unbekannte ...

Brombeere, Preiselbeere, Veilchen, Leder, Lorbeer

Gewürztraminer Hella von Sinnen in Wein! Schrill, laut und parfümiert, dass uns die Luft wegbleibt. Es gibt flexiblere Rebsorten, aber wehe, wir versuchen, sie zu zähmen, dann wird aus diesem Wein ein nichts-sagender Langweiler in Ärmelschonern. Beissen Sie rein in diesen exotischen Cocktail von Rosen, Zimt und Orangenblüten! Nichts für Neutralitätsliebende – verströmt doch dieser Wein seine bizarren Aromen in Turbolader-Manier. Mit seiner öligen Viskosität legt er sich gerne behaglich auf unsere Zunge.

Teerose, Feige, Minze, Nelke, Ingwer, Gesichtspuder

Merlot Als Softie unter den Roten ist er wie ein bequemer Ohrensessel, samtig und weich und kann überquellen von reifen, roten Früchten. Kompatibel wie der VW Golf im Strassenverkehr ist er der Liebling für Kenner und Einsteiger. Obwohl der *Merlot* ein frühreifes Früchtchen ist, bleibt er selbst mit prallen Rundungen aus der neuen Welt im Gaumen schlank und raffiniert. Der Reiz des *Merlots* liegt auch darin, dass er sehr süffig ist. Er schmeckt und schmeckt und schmeckt ...

Schwarze Kirsche, Johannisbeere, Heidelbeere, Backpflaume, dunkle Schokolade

Moscato Das Beste kommt zum Schluss: *Moscato*, einer der am gewaltigsten unterschätzten Süssweine der Welt. Natursüss, delikat und sehr erfrischend ist er die Definition von Heiterkeit und purem Fruchtwahnsinn. Sein Charme liegt in dem niedrigen Alkoholgehalt (5,5 Vol.-%) und seiner floralen Überschwänglichkeit. Als eine der aromatischsten Traubensorten lassen sich auch viele Nichtweintrinker von ihr verführen und wissen dank ihr, dass Asti eine Stadt im Piemont ist.

Orangenblüte, Honig, Mandarine, Passionsfrucht, Quitte, Anis

Negroamaro Erinnern Sie sich noch an den heissblütigen Papagallo damals am Strand in Süditalien? Inzwischen ist auch er Nonno … Trost und (pflegeleichten) Ersatz ohne Goldkette finden wir heute in einem ebenfalls aufregenden Typ mit schwarzer Sonnenbrille: dem *Negroamaro*, der aber weder schwarz noch bitter ist. Füllig, mit ausgeprägter Würze entspricht er voll der gegenwärtigen Mode vom herzhaften Alltagswein zu erschwinglichen Preisen. Passt zu jedem Essen, das Wucht hat.
Teer, Sauerkirsche, Cassis, Bittermandel, schwarze Olive, Sandelholz

Pinot Grigio Als Verwandter des *Pinot Noir* und Vater des *Pinot Blanc* mag er Ihnen auf den ersten Blick wie Hintergrundmusik im Kaufhaus erscheinen. Bei genauerem Hin-Probieren können Sie aber eine Sorte entdecken, die zu grosser Schönheit und echter Magie fähig ist! *Pinot Grigio* ist Italianità pur: leicht, delikat und frisch. Mit seinen knusprigen Aromen ist er ein herrlicher Begleiter von Salat, Fisch und Meeresfrüchten.
Aprikose, Honig, Melone, frisches Brot, geröstete Nuss

Pinot Noir Die Antwort auf das *Cabernet*-Diktat. Die launische Rebsorte stammt aus dem Burgund und mag das kühle Klima. Sie ist im *Champagner* vertreten und fühlt sich inzwischen auch im australischen Tasmanien oder in Neuseeland heimisch. Sie zählt zu den leichten Rotweinsorten, riecht aufregend nach Wild und erreicht schnell eine seidige Reife mit Feinheit, Sinnlichkeit und Tiefgang. Als freizügige und gleichzeitig disziplinierte Traubensorte ist sie die Isabella Rossellini unter den Rotweinen. Kein anderer Rotwein passt so gut zum Essen!
Himbeere, Gewürznelke, Muskat, Eukalyptus, Kirschenmarmelade, Zedernholz

Prosecco In blauen Flaschen oder gar Dosen verpackt, darf er ruhig Ihren Fluchtinstinkt wecken! Herr Mooshammer wollte ihn in der Münchner Schickeria salonfähig machen, weil die blaue Flasche so gut zur Haarfarbe seiner Mutter passte. Der wahre und echte *Prosecco* aber kommt aus dem Valdobbiadene (Tal) und zeigt sich schlank, straff und lebendig. Mit festem Kern und samtener Perlage ist er der ideale «Magenöffner» vor dem Essen.
Gute-Luise-Birne, Granny-Smith-Äpfel, Linden-, Zitronenblüte

Riesling Sein Image, der André Rieu der Weissweintrauben zu sein (perfekte Technik, wenig dahinter), hat er dank der deutschen, süsslichen Vergangenheitsbewältigung überwunden. Das Comeback lehrt uns, dass er ein hervorragender Essensbegleiter (asiatischer Gerichte) ist. *Riesling* braucht Zeit, von seinen Primäraromen (Fruchtnote) in die mineralischen Noten zu kommen. Guter *Riesling* ist sexy, ungemein trendy und kann mit einer längeren Lebenserwartung als wahrscheinlich Sie und ich aufwarten.

Pfirsich, Ananas, Schiefer, Feuerstein, Limette, Petrol

Roséwein «Mutti, ich mag *Rosé*.» «Meine Güte, Junge, wenn das dein Vater erfährt!» Ernsthaft: Der *Rosé* ist auf dem Weg zurück in die Herzen und Gläser der modernen Weintrinker. Als Zwitter ist er mit einem Fuss in jedem Lager: ein Rotwein, der wie ein Weisswein gekeltert wird – mehr dürfen Sie ihm nicht zur Last legen, höchstens dem Winzer, wenn er was Schlechtes daraus macht. Wer Weisswein nicht verträgt, ist im Sommer mit kühlem *Rosé, Blanc de Noir* oder *Rosé Champagner* bestens versorgt!

Erdbeere, Kirsche, Flieder, Wassermelone

Sauvignon Blanc «Sie küssten und sie schlugen ihn.» Hass oder Liebe. Diese Traube polarisiert wie keine andere! Aber was soll man von einer Traube halten, deren Geruch mit «Schweiss» oder «Pipi de chat» beschrieben wird? Zusammen mit der *Sémillon*-Traube spielt sie beim berühmten süssen Sauternes (Bordeaux) eine wichtige Rolle. Grasig, würzig, mit saftigem Biss – gibt sich diese Traube gross, schlank und willensstark und begegnet uns mit der Sauberkeit einer leuchtend weissen Bluse.

Dosenspargel, Cassis, rote Grapefruit, Holunderblüte, Tomatenlaub

Syrah Der *Syrah* (Europa) ist ein Mustang, wild und ungezähmt. Er tobt sich gerne dort aus, wo es besonders heiss ist, z. B. Australien. Farblich trägt diese herbe Schönheit dick auf und verströmt grosszügig ihre Aromen. Als *Shiraz* (Übersee) kommt er mächtiger daher: mehr Frucht, mehr Eichenholz, mehr von allem ... Beide Varianten verblüffen mit voller Präsenz und kompromissloser Intensität. Dieser Wein ist einer der lauteren unter den stillen Weinen!

Schwarze Johannisbeere, reichlich Pfeffer, Sahne, Zeder, heisser Gummi

Nostalgisch

Hie und da ergaben sich im Laden mit älteren Kundinnen Gespräche, die wie eine Rückblende in alte Zeiten waren, als der Alkohol noch andere «Aufgaben» hatte.

5 Liter starker Kaffee plus 1 Liter Schnaps Das war das Rezept meines Vaters, der damit als Tierarzt dafür sorgte, dass die Kuh nach dem Kalben nicht weiterpresste.

Der Algerier Grossvaters Sedativ, damals noch in Literflaschen

Canärle Wer erinnert sich nicht an das Tunken von Zückerli in allerlei Schnäpse, da konnte schon mal was zusammenkommen während des Hörspiels im Radio.

Carnotzet und Waadtländer-Gläschen Sie werden auch in der Romandie so langsam von lichtdurchfluteten Degustationsräumen mit geeigneteren Gläsern ersetzt.

Den Stern machen So einfach ging damals Weinqualität: Weisswein einschenken; wenn sich an der Oberfläche im Glas ein Stern aus kleinen Bläschen bildete, war es ein guter Wein.

Hebi Mein Berndeutsch war immer wieder ein Thema. Beim Wein spielt die Hefe eine grosse Rolle. Berndeutsch heisst sie «Hebi» von «(an)heben», ihr Gas (CO_2) treibt sowohl Teige wie Trester in die Höhe.

Kirsch beim Fondue Die Nachbarin bestand darauf, dass bei einem richtigen Fondue das Brot zuerst in den Kirsch und dann in den Käse getunkt wird.

Klosterfrau Melissengeist (79 Vol.-%) Vorläufer der Work-Life-Balance für Hausfrauen.

Rumtopf Wie hatte man sich doch über Tante Fridas Damenräuschlein ergötzt.

Zuckerwasserwein Meinen ersten Wein gab es für mich am «Gutjahr-Essen» (1. Januar) vom Grossätti. Es war ein Glas Zuckerwasser, mit einem Löffel Rotwein drin. Unvergesslich. Auch die Farbe.

Hamme	Schinken.
Hicken	stark einschneiden.
Haben	aufgehen.
Hebi	Bierhefe oder Sauerteig.
Höckli	Häufchen.
Jus	Jus, Brühe.

MARKUS DEL MONEGO   WARUM DER WEIN KORKT?

WEIN

STUART PIGOTT   Schöne neue Weinwelt   16041

Absolute Corkers   NED HALLEY

NK THIS   DARA MOSKOWITZ GRUMDAHL

ENJOY WINE   OLIVIER MAGNY   GH

Fezzi e Penna   IL VINO   150   MEB

Hallwag   INA FINN   WEINWISSEN – IN 2 TAGEN ZUM KENNER

WINE. all the time.   MARISSA A. ROSS

Il piacere del vino

white, AND drunk all over   NATALIE MacLEAN

THE 24-HOUR WINE EXPERT   JANCIS ROBINSON

Tutti lo chiamano Lambrusco

WINESTORIES — VALPOLICELLA

GO KONRADS   DAS WEIN-COMEDY BUCH

Eichborn   Frank Kämmer   Kleines Lexikon der Wein-Irrtümer

The GOODE GUIDE *to* WINE   *Jamie Goode*   A Manifesto of Sorts

THE ACCIDENTAL CONNOISSEUR   LAWRENCE OSBORNE

WINE WARS II   ROWMAN & LITTLEFIELD

OR KENWARD | REFLECTIONS OF A VINTNER |

ueberreuter | RUPERT HENNING | SCHÖN TRINKEN

SECRETS OF THE
SOMMELIERS
ER AND MACKAY

Faßbender | Im Wein liegt Lüge
HERBERT STIGLMAIER | Einfach Wein | volk.

WINE HACK | JEFFREY SCHILLER

BIANCA BOSKER | CORK DORK

PIPER | BIANCA BOSKER | DAS GROSSE WEIN MALEINS

the BAREFOOT Spirit | MICHAEL HOULIHAN BONNIE HARVEY

Eichelmann | Trinken wie Goethe

What Makes a Wine Worth Drinking | Terry Theise

Kreider | UNCORKED | The Novice's Guide to Wine

WINE FOLLY | — THE ESSENTIAL — GUIDE TO WINE | MADELINE PUCKETTE and JUSTIN HAMMACK

ZUNGENBEKENNTNISSE | KLAUS DÜRRSCHMID

MADELYNE MEYER | ENDLICH WEIN VERSTEHE

111 WEINE AUS ITALIEN | DIE MAN GETRUNKEN HABEN MUS

SWALLOW THIS | 2ND EDITION | Phillips | WIN APPRE GUI

THROUGH A SPARKLING GLASS | ANDREA FROST

ALLWEY · **PAULA BOSCH** · WEIN GENIESSEN

Sangiovese's story

I BEEN DOON SO LONG · *Vinthology*

Hallwag · REBEN · TRAUBEN · WEINE · Jancis Robinson

L'Emilia e la Romagna: Iterre di **vini** e **confini** · Andrea

Von der Freiheit, den richtigen Wein zu machen · ROMANA ECHENSPERGER

Hugh Johnsons Weingeschichte
Von Dionysos bis Rothschild
hallwag

Christina **FISCHER** Weingenuss & Tafelfreuden

Maurizio Rosso
Chris Meier · MYTHOS BAROLO

ROLF KLEIN | ARMIN FABER
WEINFRAUEN

99 BOTTLES OF WINE · BY DAVID M. HUBERMAN

BURP · BIS

Verlag NZZ · Hugo Loetscher
Verena und Mark Füllemann · *Bacchus*

Umschau · SOMMELIER-UNION DEUTSCHLAND · **WEIN** YES

 Italiens Weinwelten · Steffen Maus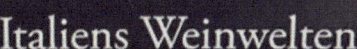

 WEIN | WINE **GENESIS** Reben · Trauben · Wein

A TOAST TO **BARGAIN** WINES GEORGE M. TABER

50 WAYS TO LOVE WINE MORE *Laughren*

GREAT Wine Made Simple  ANDREA IMMER ROBINSON

Reinhardt Hess · Wine Basics

MATT SKINNER | **WINE – JUST A DRINK**

Red and White Max Allen

McNEIL | THE **WINE BIBLE**

KEVIN ZRALY'S | WINDOWS ON THE WORLD COMPLETE WINE COURSE | STERLING EPICURE

JENS PRIEWE GRUNDKURS WEIN

Balcerowiak das demokratische Weinbuch

TO CORK OR NOT TO CORK 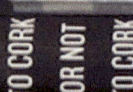 TRADITION, ROMANCE, SCIENCE, AND THE BATTLE FOR THE WINE BOTTLE GEORGE M. TABER

THOMAS HERTLEIN DAS *kleine* WEINMALEINS

RICHARD BETTS · THE ESSENTIAL SCRATCH and SNIFF GUIDE TO BECOMING A WINE EXPERT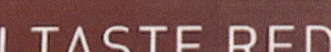

I TASTE RED JAMIE GOODE

Markus Del Monego *Wie schmeckt trocken* Süddeutsche Zeitung Edition

HELLMAN — IN VINO *Duplicitas* —

BEAUTY AND THE **YEAST**

ZRALY | THE ULTIMATE **WINE** COMPANION

MADELINE PUCKETTE & JUSTIN HAMMACK | DER ULTIMATIVE **WEIN-GUIDE**

Veseth |  wine wars

MATTHEWS | TERROIR *and* OTHER MYTHS *of* WINEGROWING

EXTREME WINE VESETH

Einfach  **Wein** Aldo Sohm P

Hallwag | KLIMEK BALCEROWIAK | **CAPTAIN CORK**

STEVENS WINE: A NO-SNOB GUIDE ROCKRIDGE PRESS

Vignette Stories of Life & Wine in 100 Bottles Jane Lopes

 Workshop **Wein** Marnie Old

Hallwag | Cornelius Lange Fabian Lange | WEIN EINFACH

Jay McInerney the Juice • Vinous Veritas

 ALLES WEIN!  Literatur & Karikatur

REFLECTIONS OF A WINE MERCHANT NEAL I. ROSENTHAL

Nachlese

Die Veränderungen kamen schleichend und in ganz unterschiedlicher Gestalt. Plötzlich passten Angebot und Nachfrage weniger gut zusammen, immer öfter konnte ich neue Kundenwünsche* nicht erfüllen.

Die Preisschere öffnete sich, hin zu Weinen unter fünf und über fünfzig Schweizer Franken – beides Preise ausserhalb meines Segments. In Gesprächen mit Berufskollegen kreuzte sich die Frage nach Rentabilität und Selbstausbeutung mit riesigen Mindestabnahmen und Kleinmengenzuschlägen. Die gesteigerten Ansprüche machten das Geschäftsmodell «Täglich allein an der Front» unattraktiv und eine Neuausrichtung unumgänglich. Das war für mich der Moment, nach 25 Jahren déjà bu mit guten Erinnerungen abzuschliessen.

---

*Gratisversand, Hauslieferung, unentgeltliche Degustationen für Einzelpersonen nach Ladenschluss, Weinkurse als «Webinar», kostenlose Geschenkverpackungen, auswärtige Privatverkostungen, telefonische Menu- und Ferienberatung nach Feierabend …

Und im Übrigen glaube ich, dass die
Menschheit den Alkohol so lange brauchen
wird, als sie genötigt sein wird, sich über ihre
eigene Unzulänglichkeit hinwegzutäuschen;
also vermutlich noch ziemlich lange.

Egon Friedell

Ich danke Tina Schmid für die grossartige Zusammenarbeit und Stefan dafür, dass er unaufhörlich guten Mut verbreitete.

Impressum

© 2024 Ruth Schürch
Idee, Texte: Ruth Schürch, Bubikon
Gestaltung: Frau Schmid, Zürich
Lektorat, Korrektorat, Herstellung
und Verlag: BoD – Books on Demand,
Norderstedt

ISBN: 978-3-7583-7052-6